BestMasters

Mit **„BestMasters"** zeichnet Springer die besten Masterarbeiten aus, die an renommierten Hochschulen in Deutschland, Österreich und der Schweiz entstanden sind. Die mit Höchstnote ausgezeichneten Arbeiten wurden durch Gutachter zur Veröffentlichung empfohlen und behandeln aktuelle Themen aus unterschiedlichen Fachgebieten der Naturwissenschaften, Psychologie, Technik und Wirtschaftswissenschaften. Die Reihe wendet sich an Praktiker und Wissenschaftler gleichermaßen und soll insbesondere auch Nachwuchswissenschaftlern Orientierung geben.

Springer awards **"BestMasters"** to the best master's theses which have been completed at renowned Universities in Germany, Austria, and Switzerland. The studies received highest marks and were recommended for publication by supervisors. They address current issues from various fields of research in natural sciences, psychology, technology, and economics. The series addresses practitioners as well as scientists and, in particular, offers guidance for early stage researchers.

Julia Reimer

Nachhaltigkeitsberichterstattung großer Unternehmen

Eine Analyse unter besonderer Berücksichtigung des Konzepts der New Corporate Governance

Springer Gabler

Julia Reimer
Mutterstadt, Deutschland

Masterarbeit, Johannes Gutenberg-Universität Mainz, 2023

ISSN 2625-3577 ISSN 2625-3615 (electronic)
BestMasters
ISBN 978-3-658-45328-2 ISBN 978-3-658-45329-9 (eBook)
https://doi.org/10.1007/978-3-658-45329-9

Die Deutsche Nationalbibliothek verzeichnet diese Publikation in der Deutschen Nationalbibliografie; detaillierte bibliografische Daten sind im Internet über https://portal.dnb.de abrufbar.

Planung/Lektorat: Karina Kowatsch
Springer Gabler ist ein Imprint der eingetragenen Gesellschaft Springer Fachmedien Wiesbaden GmbH und ist ein Teil von Springer Nature.
Die Anschrift der Gesellschaft ist: Abraham-Lincoln-Str. 46, 65189 Wiesbaden, Germany

Danksagung

Die vorliegende Arbeit stellt die überarbeitete Version der 2023 an der Johannes Gutenberg-Universität Mainz angenommenen Masterarbeit mit dem Titel „Analyse der Nachhaltigkeitsberichterstattung großer deutscher Unternehmen unter besonderer Berücksichtigung des Konzepts der New Corporate Governance“ dar. Der Lehrstuhl für Corporate Governance und Wirtschaftsprüfung von Professor Dr. Christopher Koch betreute die Arbeit. Sie wurde mit dem „Mazars Preis für herausragende Masterarbeiten im Wintersemester 2022/2023 im Bereich Wirtschaftsprüfung“ ausgezeichnet.

An dieser Stelle möchte ich mich bei denjenigen bedanken, die mich während meines Studiums begleitet und zum Erfolg dieser Arbeit beigetragen haben. Zuerst möchte ich meinen Dank Professor Dr. Christopher Koch und Maximilian Kneflowski aussprechen. Ihre hervorragende Betreuung und unsere anregenden Gespräche während des Entstehungsprozesses der Arbeit waren mir eine große Hilfe. Mein Dank gilt insbesondere auch meinen Eltern. Ich danke Euch für die bedingungslose Unterstützung während meines gesamten Studiums. Ihr wart und seid eine wesentliche Säule meines Erfolgs. Außerdem möchte ich mich bei Karina Kowatsch bedanken. Sie hat mich zur Publikation meiner Arbeit ermutigt und diese möglich gemacht.

April 2024 Julia Reimer

Inhaltsverzeichnis

Abkürzungsverzeichnis

CDP	Carbon Disclosure Project
CS	Corporate Sustainability
CSRD	Corporate Sustainability Reporting Directive
DAX	Deutscher Aktienindex
DCGK	Deutscher Corporate Governance Kodex
EFRAG	European Financial Reporting Advisory Group
EU	Europäische Union
GRI	Global Reporting Initiative
IÖW	Institut für ökologische Wirtschaftsforschung
NCG	New Corporate Governance
NFRD	Non-Financial Reporting Directive
OECD	Organisation for Economic Co-operation and Development
SASB	Sustainable Accounting Standards Board
SDG	Sustainable Development Goals
TCFD	Task Force on Climate-Related Financial Disclosures
UN	United Nations
UN GC	United Nations Global Compact
WCED	World Commission on Environment and Development

Abbildungsverzeichnis

Tabellenverzeichnis

Problemstellung 1

Die Welt sei in einem bedauernswerten Zustand stellte UN-Generalsekretär António Guterres in seiner Rede beim Weltwirtschaftsforum 2023 in Davos fest. Kriege, Armut, Unterdrückung von Frauen, Pandemie, Inflation und die Klimakatastrophe sind die Herausforderungen der Weltgemeinschaft. Im Hinblick auf die Begrenzung der Erderwärmung auf 1,5 Grad Celsius betonte Guterres die Verantwortung der Wirtschaft. Zwar würden Unternehmen sich zum Netto-Null-Ziel hinsichtlich der Treibhausgasemissionen bekennen, die diesbezüglichen Benchmarks seien jedoch oftmals unzureichend. Stakeholder und Aufsichtsbehörden könnten durch dieses „Greenwashing" in die Irre geführt werden. Um die Social Development Goals (SDG) der United Nations (UN) zu erreichen, müssten Unternehmen zudem ihre Geschäftsmodelle und -praktiken überarbeiten.[1]

Die ökologische und soziale Verantwortung von Unternehmen ist schon seit Jahrzehnten Thema der Weltpolitik. Beispiele dafür sind das Kyoto-Protokoll von 2005, dessen 2015 verabschiedeter Nachfolger in Form des Klimaabkommens von Paris und wiederum der European Green Deal aus dem Jahr 2019 als dessen europäische Adaption.[2] Um letzteren weiter voranzubringen, stärkte die Europäische Union (EU) mit dem Inkrafttreten der Corporate Social Reporting

[1] Vgl. United Nations: 'Forge Pathways to Cooperation in Our Fragmented World, Adopt Multilateral Institutions', Secretary-General Tells Davos Economic Forum, 2023, abrufbar unter https://press.un.org/en/2023/sgsm21661.doc.htm (abgerufen am 26.03.2023), (ganzer Absatz).

[2] Vgl. Bundesministerium für wirtschaftliche Zusammenarbeit und Entwicklung: Klimaabkommen von Paris, 2023, abrufbar unter https://www.bmz.de/de/service/lexikon/klimaabkommen-von-paris-14602 (abgerufen am 20.03.2023).

J. Reimer, *Nachhaltigkeitsberichterstattung großer Unternehmen*, BestMasters,
https://doi.org/10.1007/978-3-658-45329-9_1

Directive (CSRD) im Januar 2023 die Bedeutung der nichtfinanziellen Berichterstattung.[3] Auch die von der UN im Jahr 2015 veröffentlichte „Agenda 2030 for Sustainable Development" konkretisiert die Bestrebungen und stellte einen Plan zum Wohl von „people, planet and prosperity"[4] in Form von 17 Zielen auf, der auch Unternehmen miteinbezieht.

Den Anspruch, dass Unternehmen neben finanziellen Zielen auch die ökologischen und sozialen Auswirkungen ihres Handelns beachten sollen, erhebt nicht nur die Politik. Auch am Kapitalmarkt steigt das Interesse an nachhaltigen Unternehmen.[5] So beachteten beispielsweise 83 Prozent der institutionellen Investoren in Deutschland im Jahr 2022 das Thema Nachhaltigkeit bei Anlageentscheidungen.[6] Zudem üben sie verstärkt Einfluss auf die Unternehmen aus, indem sie etwa konkrete Fortschritte bei der unternehmerischen Nachhaltigkeit einfordern.[7] Eine neue Empfehlung des Deutschen Corporate Governance Kodex (DCGK) fordert Unternehmen ebenfalls dazu auf, sich auch mit den ökologischen und sozialen Auswirkungen ihrer Geschäftstätigkeit auseinanderzusetzen (A.I.A1 DCGK). So sollen in der Unternehmensstrategie „neben den langfristigen wirtschaftlichen Zielen auch ökologische und soziale Ziele angemessen berücksichtigt werden" (A.I.A1 DCGK).

Die ökonomische, ökologische und die soziale Dimension der unternehmerischen Nachhaltigkeit (Corporate Sustainability, CS) können jedoch nicht immer in Einklang gebracht werden. Die unternehmerische Realität ist viel

---

[3] Vgl. Richtlinie 2022/2464 des EU-Parlaments und des Rates vom 14. Dezember 2022 zur Änderung der Verordnung (EU) Nr. 537/2014 und der Richtlinien 2004/109/EG, 2006/43/EG und 2013/34/EU hinsichtlich der Nachhaltigkeitsberichterstattung von Unternehmen, AB EU v. 16.12.2022, L322, S. 65.

[4] United Nations: Transforming our world: the 2030 Agenda for Sustainable Development A/RES/70/1, 2015, abrufbar unter https://sdgs.un.org/sites/default/files/publications/21252030%20Agenda%20for%20Sustainable%20Development%20web.pdf (abgerufen am 09.03.2023), hier S. 5.

[5] Vgl. *Battilana, Julie* et al.: Beyond Shareholder Value Maximization: Accounting for Financial/Social Trade-Offs in Dual-Purpose Companies, in: Academy of Management Review, 47. Jg. (2022), S. 237–258, hier S. 238.

[6] Vgl. Union Investment: Nachhaltigkeit ist für die meisten Großanleger unverzichtbar, 2022, abrufbar unter https://unternehmen.union-investment.de/startseite-unternehmen/Nachhaltigkeit/Publikationen.html (abgerufen am 20.03.2023), hier S. 3.

[7] Vgl. ebenda, hier S. 13.

eher durch Zielkonflikte zwischen den drei Dimensionen geprägt.[8] Diese werden von den Unternehmen ungern kommuniziert.[9] Die Forschung konnte bisher kaum praktikable Lösungsansätze zum Umgang mit Zielkonflikten in der Praxis entwickeln.

Das Konzept der New Corporate Governance (NCG) von Hart und Zingales (2017; 2022) könnte in diesem Zusammenhang eine neue Perspektive bieten. Indem sie die Zielfunktion der Unternehmen um die sozialen Präferenzen der Shareholder und die externen Auswirkungen der Geschäftstätigkeit erweitern, entsteht ein neues Optimierungskalkül für Unternehmensleitung und Aktionäre. Um dabei fundierte Entscheidungen treffen zu können, müssen jedoch Informationen beispielsweise durch Abstimmungen oder durch Berichterstattung generiert beziehungsweise publiziert werden. Laut Hart und Zingales (2017) fänden zwar nur vereinzelt Abstimmungen zu den sozialen Präferenzen der Aktionäre statt,[10] Arten der NCG würden in der Praxis aber bereits angewandt.[11]

Die nachfolgende Untersuchung soll ergründen, inwieweit die aktuelle Nachhaltigkeitsberichterstattungspraxis in Deutschland kompatibel mit den Informationsanforderungen ist, die im Rahmen der NCG entstehen. Die zu diesem Zweck durchgeführte qualitative Inhaltsanalyse der Nachhaltigkeitsberichte dreier großer deutscher Chemiekonzerne verfolgt zwei Ziele. Zum einen soll festgestellt werden, ob und in welcher Form Unternehmen Informationen zu Zielkonflikten veröffentlichen. Zum anderen werden die notwendigen Informationen, die im Rahmen der Implementierung der NCG vorliegen müssen, abgeleitet. Ihr Vorhandensein in den drei Nachhaltigkeitsberichten wird ebenfalls inhaltsanalytisch geprüft. Diese empirische Analyse ist Thema im dritten Kapitel der Arbeit. Zunächst werden im zweiten Kapitel dafür notwendige theoretische Grundlagen zu Zielkonflikten der unternehmerischen Nachhaltigkeit, dem Konzept der NCG und Nachhaltigkeitsberichterstattungsvorschriften dargelegt.

---

[8] Vgl. *Hahn, Tobias* et al.: Trade-offs in corporate sustainability: you can't have your cake and eat it, in: Business Strategy and the Environment, 19. Jg. (2010), S. 217–229, hier 218.

[9] Vgl. *Haffar, Merriam/Searcy, Cory*: Legitimizing Potential "Bad News": How Companies Disclose on Their Tension Experiences in Their Sustainability Reports, in: Organization & Environment, 33. Jg. (2020), S. 534–553; *Herzig, Christian/Godemann, Jasmin*: Internet-supported sustainability reporting: developments in Germany, in: Management Research Review, 33. Jg. (2010), S. 1064–1082.

[10] Vgl. *Hart, Oliver/Zingales, Luigi*: Companies Should Maximize Shareholder Welfare Not Market Value, in: Journal of Law, Finance, and Accounting, 2. Jg. (2017), S. 247–274, hier S. 264, (ganzer Absatz).

[11] Vgl. *Hart, Oliver/Zingales, Luigi*: The New Corporate Governance, in: University of Chicago Business Law Review, 1. Jg. (2022), S. 195–216, hier S. 197.

Nachhaltigkeitsberichterstattung im Zuge der Umsetzung der New Corporate Governance

2

2.1 Zielkonflikte in der unternehmerischen Nachhaltigkeit

2.1.1 Corporate Sustainability

2.1.1.1 Entstehungskontext des Begriffs

Die Thematik der Corporate Sustainability (CS) kam in den 1980er-Jahren im Zuge des Erkennens der schädlichen Auswirkungen der wirtschaftlichen Entwicklung auf das Ökosystem auf.[1] Die Anhänger der neuen Betrachtungsweise begannen die in der Managementtheorie dominierenden Unternehmensinteressen zu hinterfragen.[2] Dabei nimmt Corporate Sustainability eine systemische Perspektive ein. [3] Unternehmen werden als eigenständige Systeme angesehen, die wiederum Teil größerer Makro-Systeme sind.[4] Es wird von einer starken Verbindung zwischen Unternehmen und Ökosystem ausgegangen.[5] Zusätzlich zu dieser

---

[1] Vgl. *Bansal, Pratima/Song, Hee-Chan*: Similar But Not the Same: Differentiating Corporate Sustainability from Corporate Responsibility, in: Academy of Management Annals, 11. Jg. (2017), S. 105–149, hier S. 107.

[2] Vgl. ebenda, hier S. 110.

[3] Vgl. *Gladwin, Thomas N./Kennelly, James J./Krause, Tara-Shelomith*: Shifting Paradigms for Sustainable Development: Implications for Management Theory and Research, in: Academy of Management Review, 20. Jg. (1995), S. 874–907, hier S. 896.

[4] Vgl. *Bansal, Pratima/DesJardine, Mark R.*: Business sustainability: It is about time, in: Strategic Organization, 12. Jg. (2014), S. 70–78, hier S. 71.

[5] Vgl. *Bansal, Pratima/Song, Hee-Chan*: Similar But Not the Same: Differentiating Corporate Sustainability from Corporate Responsibility, in: Academy of Management Annals, 11. Jg. (2017), S. 105–149, hier S. 111.

J. Reimer, *Nachhaltigkeitsberichterstattung großer Unternehmen*, BestMasters,
https://doi.org/10.1007/978-3-658-45329-9_2

Verbindung beschäftigte man sich Ende der 1990er-Jahre auch vermehrt mit der Beziehung zur gesellschaftlichen Dimension.[6] Dies löste die ursprünglich klare Trennung zwischen „Sustainability“ und „Responsibility“ auf.[7]

Die Begriffe Corporate Sustainability und Corporate Responsibility sollten, entgegen der geläufigen Praxis, nicht gleichgesetzt werden. Sie entstanden aus unterschiedlichen Gründen und zu verschiedenen Zeiten. Das Thema der Corporate Responsibility kam im Zuge der beginnenden normativen Debatten über die moralischen Verpflichtungen von Managern und dem negativen Einfluss des Marktes auf die Gesellschaft in den 1950er- Jahren auf. Somit setzte sich der Bereich der „Responsibility“ zu Beginn nur mit sozialen Fragen auseinander. Im Kontext von „Sustainability“ beschäftigte man sich hingegen ursprünglich nur mit dem Zusammenhang zwischen Wirtschaftswachstum und Umweltbelangen. Diese klare Trennung der Themenbereiche verschwand im Laufe der Zeit.[8]

Somit verlagerte sich das Zentrum der Bestrebungen weg von der Frage, wie man Systeme erhalten kann, hin zur Frage was Unternehmen zur Erhaltung der Systeme beitragen können.[9] Elkington (1997) prägte in diesem Zusammenhang den Begriff der „Triple Bottom Line“.[10] Dieser verdeutlicht die Notwendigkeit der Beachtung und Steuerung nicht nur von ökonomischen, sondern auch von ökologischen und sozialen Auswirkungen der Unternehmenstätigkeit.[11] Der aktuell verbreitete Corporate-Sustainability-Begriff bezieht sich auf die enge Verbundenheit von Ökonomie, Ökologie sowie sozialen Belangen und bezieht letztere nun mit in das Konzept ein.[12]

2.1.1.2 Darstellung des Definitionsspektrums

Der Begriff der nachhaltigen Entwicklung wird häufig im Kontext der Corporate Sustainability genannt.[13] Dabei wird nachhaltige Entwicklung als eine Frage

---

[6] Vgl. ebenda.

[7] Vgl. ebenda.

[8] Vgl. ebenda, hier S. 105–108, (ganzer Absatz).

[9] Vgl. ebenda, hier S. 111.

[10] Vgl. *Elkington, John*: Cannibals with forks, Oxford 1997, hier S. 70.

[11] Vgl. *Elkington, John*: 25 Years Ago I Coined the Phrase “Triple Bottom Line.” Here’s Why It’s Time to Rethink It, 2018, abrufbar unter https://hbr.org/2018/06/25-years-ago-i-coined-the-phrase-triple-bottom-line-heres-why-im-giving-up-on-it (abgerufen am 19.03.2023).

[12] Vgl. *Bansal, Pratima/Song, Hee-Chan*: Similar But Not the Same: Differentiating Corporate Sustainability from Corporate Responsibility, in: Academy of Management Annals, 11. Jg. (2017), S. 105–149, hier S. 110.

[13] Vgl. *Elkington, John*: Cannibals with forks, Oxford 1997, hier S. 70.

der intra- und intergenerationellen Gerechtigkeit verstanden,[14] indem definiert wird: „Sustainable development is development that meets the needs of the present without compromising the ability of future generations to meet their own needs“.[15] Die weitverbreitete Definition der World Commission on Environment and Development (WCED) stellt somit die menschlichen Bedürfnisse ins Zentrum des Nachhaltigkeitsverständnis.[16] Naturschutz wird als notwendig erachtet, um das übergeordnete Ziel zu erreichen.[17] Im Kontext der unternehmerischen Nachhaltigkeit sollten Unternehmen somit bei der Befriedigung ihrer kurzfristigen Bedürfnisse nicht die Möglichkeiten anderer, ihre Bedürfnisse in Zukunft zu befriedigen, einschränken.[18]

Eine wichtige Rolle im Zusammenhang mit nachhaltiger Entwicklung und unternehmerischer Nachhaltigkeit nehmen die SDG der UN ein. Die 17 Ziele sollen Frieden und Wohlstand für die Menschen in der Gegenwart und der Zukunft bringen und den verantwortungsvollen Umgang mit dem Planeten fördern.[19] So soll beispielsweise Armut beendet, Bildung und Gesundheit gefördert und nachhaltiges Wirtschaftswachstum forciert werden.[20] Unternehmen kommt dabei eine zentrale Rolle zu, da sie durch Produktion und Arbeitnehmer mit vielen SDG verbunden sind.[21]

---

[14] Vgl. *Fischer, Klaus.*: Corporate Sustainability Governance, Wiesbaden 2017, hier S. 58.

[15] World Commission on Environment and Development: Report of the World Commission on Environment and Development: Our Common Future, 1987, abrufbar unter https://sustainabledevelopment.un.org/content/documents/5987our-common-future.pdf (abgerufen am 09.03.2023), hier S. 41.

[16] Vgl. *Fischer, Klaus.*: Corporate Sustainability Governance, Wiesbaden 2017, hier S. 58–60.

[17] Vgl. ebenda, hier S. 58.

[18] Vgl. *Bansal, Pratima/DesJardine, Mark R.*: Business sustainability: It is about time, in: Strategic Organization, 12. Jg. (2014), S. 70–78, hier S. 71.

[19] Vgl. United Nations: Transforming our world: the 2030 Agenda for Sustainable Development A/RES/70/1, 2015, abrufbar unter https://sdgs.un.org/sites/default/files/publications/21252030%20Agenda%20for%20Sustainable%20Development%20web.pdf (abgerufen am 09.03.2023), hier S. 5.

[20] Vgl. United Nations: Transforming our world: the 2030 Agenda for Sustainable Development A/RES/70/1, 2015, abrufbar unter https://sdgs.un.org/sites/default/files/publications/21252030%20Agenda%20for%20Sustainable%20Development%20web.pdf (abgerufen am 09.03.2023), hier S. 18.

[21] Vgl. ebenda, hier S. 34.

Letztlich gibt es dennoch keine allgemeingültige Definition von Corporate Sustainability.[22] Hahn et al. (2015) konstatieren allgemein: „corporate sustainability refers to a set of systematically interconnected and interdependent economic, environmental and social concerns at different levels that firms are expected to address simultaneously“[23]. Somit werden die drei Säulen des neueren Corporate-Sustainability-Verständnisses, Ökonomie, Ökologie und Soziales, angesprochen.[24] Dieses Verständnis prägt auch Nachhaltigkeitsberichterstattungsstandards, wie etwa die Global-Reporting-Initiative-Standards.[25] Da es sich um eine praxisnahe Untersuchung handelt, folgt die Arbeit somit der Corporate-Sustainability-Definition von Hahn et al. (2015).

2.1.2 Vereinbarkeit sozialer, ökologischer und finanzieller Ziele

Wie Unternehmen Einklang zwischen den ökonomischen, sozialen und ökologischen Zielen im Rahmen ihrer Geschäftstätigkeit herstellen können, wurde in der Forschung wenig thematisiert.[26] Es wurde viel eher von einer gegenseitigen Verstärkung der Ziele ausgegangen.[27] Forschung fand dabei lange Zeit in der Annahme des Einklangs der drei Bereiche, etwa mittels des Win-Win-Paradigma bzw. Business Case für Nachhaltigkeit, statt.[28] Dabei wird davon ausgegangen, dass Vorteile in zwei oder mehr Bereichen gleichzeitig erreicht werden können.[29] Die Motivation zu Verbesserungen in den Bereichen Ökologie und Gesellschaft entspringt beim Win-Win-Paradigma bzw. Business Case dem Wunsch nach

---

[22] Vgl. *Hahn, Tobias* et al.: Tensions in Corporate Sustainability: Towards an Integrative Framework, in: Journal of Business Ethics, 127. Jg. (2015), S. 297–316, hier S. 298.

[23] Ebenda, hier S. 299.

[24] Vgl. *van Marrewijk, Marcel*: Concepts and Definitions of CSR and Corporate Sustainability: Between Agency and Communion, in: Journal of Business Ethics, 44. Jg. (2003), S. 95–105, hier S. 101.

[25] Vgl. Global Reporting Initiative: Die globalen Standards für die Nachhaltigkeitsberichterstattung, 2023, abrufbar unter https://www.globalreporting.org/how-to-use-the-gri-standards/gri-standards-german-translations/ (abgerufen am 21.03.2023).

[26] Vgl. *van der Byl, Connie A./Slawinski, Natalie*: Embracing Tensions in Corporate Sustainability, in: Organization & Environment, 28. Jg. (2015), S. 54–79, hier S. 54.

[27] Vgl. ebenda.

[28] Vgl. *Hahn, Tobias* et al.: Trade-offs in corporate sustainability: you can't have your cake and eat it, in: Business Strategy and the Environment, 19. Jg. (2010), S. 217–229, hier S. 218.

[29] Vgl. ebenda, hier S. 220.

wachsendem ökonomischen Gewinn.[30] Es handelt sich um eine instrumentelle Sichtweise von Corporate Sustainability, die den Shareholdern und der Profitmaximierung besondere Aufmerksamkeit zukommen lässt.[31] Somit wurde der ökonomischen Dimension dabei eine beherrschende Rolle zugesprochen.[32] Laut van der Byl und Slawinski (2015) scheint dieser Ansatz auch heute die Forschung zu prägen.[33]

Da der Fokus nur auf den Bereichen liegt, in denen tatsächlich Harmonie zwischen den Dimensionen herrscht, werden Zielkonflikte ausgeblendet.[34] Dadurch wird der Blick auf den möglichen Beitrag von Unternehmen zu nachhaltiger Entwicklung stark eingeschränkt und große Veränderungen hin zu einer nachhaltigeren Unternehmenspraxis unterbunden.[35]

2.1.3 Zielkonflikte sozialer, ökologischer und finanzieller Ziele

2.1.3.1 Ursachen von Zielkonflikten

Da Unternehmen im Zuge der Corporate Sustainability zugleich soziale, ökologische und ökonomische Ziele auf verschiedenen Leveln verfolgen sollen, entstehen komplexe Entscheidungsszenarien.[36] Die wünschenswerten Absichten der drei Dimensionen sind implizit miteinander verbunden und bergen so bei der Implementierung das Risiko unbeabsichtigter Begleiterscheinungen.[37] Denn die

[30] Vgl. *Hahn, Tobias* et al.: Trade-offs in corporate sustainability: you can't have your cake and eat it, in: Business Strategy and the Environment, 19. Jg. (2010), S. 217–229, hier S. 218.

[31] Vgl. *van der Byl, Connie A./Slawinski, Natalie*: Embracing Tensions in Corporate Sustainability, in: Organization & Environment, 28. Jg. (2015), S. 54–79, hier S. 57.

[32] Vgl. *Hahn, Tobias* et al.: Tensions in Corporate Sustainability: Towards an Integrative Framework, in: Journal of Business Ethics, 127. Jg. (2015), S. 297–316, hier S. 297.

[33] Vgl. *van der Byl, Connie A./Slawinski, Natalie*: Embracing Tensions in Corporate Sustainability, in: Organization & Environment, 28. Jg. (2015), S. 54–79, hier S. 55.

[34] Vgl. ebenda, hier S. 58.

[35] Vgl. *Hahn, Tobias* et al.: Trade-offs in corporate sustainability: you can't have your cake and eat it, in: Business Strategy and the Environment, 19. Jg. (2010), S. 217–229, hier S. 219.

[36] Vgl. *Hahn, Tobias* et al.: Tensions in Corporate Sustainability: Towards an Integrative Framework, in: Journal of Business Ethics, 127. Jg. (2015), S. 297–316, hier S. 299.

[37] Vgl. ebenda, hier S. 298.

Lösung eines Belanges kann genau entgegengesetzt zu den Zielen eines anderen Bereiches sein.[38]

Hahn et al. (2010) definieren den so entstehenden Zielkonflikt als „situations where economic, environmental and social aspects of corporate sustainability cannot be achieved simultaneously.“[39] Somit muss der Verlust auf einer Dimension gegen den Gewinn einer anderen Dimension abgewogen und eine Entscheidung gefällt werden.[40] Angesichts der Komplexität nachhaltiger Entwicklung spiegeln Zielkonflikte eher die Realität der Unternehmen wider als die Win-Win-Paradigmen.[41]

Eine Studie von Haffar und Searcy (2020) zeigt, dass die überwiegende Mehrheit der untersuchten Unternehmen mit Zielkonflikten im Zusammenhang mit Nachhaltigkeit konfrontiert sind.[42] Jedoch wurden diese nur implizit und nicht offen in den Nachhaltigkeitsberichten der Unternehmen dargestellt.[43] Diese „Accounting Absence“ sollte ebenso wie die veröffentlichten Informationen beachtet werden, denn erst aus dem Zusammenspiel der beiden ergibt sich ein Gesamtbild.[44] Das Unterlassen von Berichterstattung über Zielkonflikte sollte aber nicht per se als negativ eingeordnet werden, sondern zuvor hinsichtlich der Wesentlichkeit des Aspekts im Nachhaltigkeitsbericht beurteilt werden.[45]

Neben konkurrierenden Corporate-Sustainability-Dimensionen müssen Unternehmen oftmals im Zuge dessen auch Zielkonflikte zwischen verschiedenen Anspruchsgruppen sowie unterschiedlichen Zeithorizonten lösen.[46] Hahn et al.

---

[38] Vgl. *Newton, Tim J.*: Creating the New Ecological Order? Elias and Actor-Network Theory, in: Academy of Management Review, 27. Jg. (2002), S. 523–540, hier S. 529.

[39] *Hahn, Tobias* et al.: Trade-offs in corporate sustainability: you can't have your cake and eat it, in: Business Strategy and the Environment, 19. Jg. (2010), S. 217–229, hier S. 218.

[40] Vgl. ebenda, hier S. 219.

[41] Vgl. ebenda, hier S. 218.

[42] Vgl. *Haffar, Merriam/Searcy, Cory*: Legitimizing Potential "Bad News": How Companies Disclose on Their Tension Experiences in Their Sustainability Reports, in: Organization & Environment, 33. Jg. (2020), S. 534–553, hier S. 547.

[43] Vgl. ebenda.

[44] Vgl. *Choudhury, Nandan*: The seeking of accounting where it is not: Towards a theory of non-accounting in organizational settings, in: Accounting, Organizations and Society, 13. Jg. (1988), S. 549–557, hier S. 550.

[45] Vgl. *Unerman, Jeffrey/Zappettini, Franco*: Incorporating Materiality Considerations into Analyses of Absence from Sustainability Reporting, in: Social and Environmental Accountability Journal, 34. Jg. (2014), S. 172–186, hier S. 173.

[46] Vgl. *Haffar, Merriam/Searcy, Cory*: Legitimizing Potential "Bad News": How Companies Disclose on Their Tension Experiences in Their Sustainability Reports, in: Organization & Environment, 33. Jg. (2020), S. 534–553, hier S. 537.

(2015) erstellen ein Modell zur systematischen Untersuchung von Zielkonflikten im Kontext der unternehmerischen Nachhaltigkeit. Dabei werden die Spannungen zwischen ökonomischen, ökologischen und sozialen Zielen durch drei Dimensionen weiter aufgeschlüsselt. Die Dimension „Level" verdeutlicht, dass CS unter Umständen auf individueller, unternehmerischer und systemischer Ebene verschiedene Bedeutungen hat, was weitere Spannungen erzeugen kann.[47] „Veränderung" als eine weitere Dimension, trägt der Tatsache Rechnung, dass die in CS inhärente Implikation nach nachhaltiger Unternehmensveränderung zu Spannungen führen kann.[48] Zeitliche und räumliche Spannungen bilden die dritte Dimension des Modells und werden unter dem Schlagwort „Kontext" zusammengefasst.[49] Zudem scheint die wahrgenommene Stärke von Zielkonflikten durch externe Einflussfaktoren veränderbar zu sein.[50] Skalen, die dies messen können, müssen jedoch noch entwickelt werden.[51]

Eine Meta-Studie von Herzig und Godemann (2010) konstatiert für die Berichterstattung von DAX-Unternehmen, dass viele soziale und ökologische Aspekte der Unternehmenstätigkeit offengelegt werden.[52] Jedoch bestehe Kommunikationsbedarf bei Informationen über den Zusammenhang zwischen sozialen, ökologischen und ökonomischen Auswirkungen der Unternehmen.[53] Der Umgang mit dabei möglicherweise entstehenden Spannungen prägt wesentlich den Nachhaltigkeitsansatz und die Praxis eines Unternehmens und sollte daher auch im Nachhaltigkeitsbericht erläutert werden.[54] Das Unterlassen der Berichterstattung über Zielkonflikte, welche eine Schlüsselrolle in den Nachhaltigkeitsbestrebungen der Unternehmen darstellen, kann zum einen zu Intransparenz und

---

[47] Vgl. *Hahn, Tobias* et al.: Tensions in Corporate Sustainability: Towards an Integrative Framework, in: Journal of Business Ethics, 127. Jg. (2015), S. 297–316, hier S. 301–302.

[48] Vgl. *Hahn, Tobias* et al.: Tensions in Corporate Sustainability: Towards an Integrative Framework, in: Journal of Business Ethics, 127. Jg. (2015), S. 297–316, hier S. 301.

[49] Vgl. ebenda.

[50] Vgl. *Battilana, Julie* et al.: Beyond Shareholder Value Maximization: Accounting for Financial/Social Trade-Offs in Dual-Purpose Companies, in: Academy of Management Review, 47. Jg. (2022), S. 237–258, hier S. 237.

[51] Vgl. ebenda, hier S. 251.

[52] Vgl. *Herzig, Christian/Godemann, Jasmin*: Internet-supported sustainability reporting: developments in Germany, in: Management Research Review, 33. Jg. (2010), S. 1064–1082, hier S. 1078.

[53] Vgl. ebenda.

[54] Vgl. *Haffar, Merriam/Searcy, Cory*: Legitimizing Potential "Bad News": How Companies Disclose on Their Tension Experiences in Their Sustainability Reports, in: Organization & Environment, 33. Jg. (2020), S. 534–553, hier S. 535.

einem Mangel an Verantwortlichkeit gegenüber den Stakeholdern führen.[55] Zum anderen wird nicht deutlich, wie Unternehmen mit dem Thema Nachhaltigkeit umgehen.[56] Bisher wurde kaum untersucht, wie Firmen über immanente Zielkonflikte bei ihren Nachhaltigkeitsbestrebungen berichten.[57]

2.1.3.2 Strategien zum Umgang mit Zielkonflikten

Der bereits vorgestellte Win-Win-Ansatz stellt, als eine Strategie zum Umgang mit Zielkonflikten, einen Vertreter der instrumentellen Sichtweise von Corporate Sustainability dar.[58] Diese Betrachtungsweise stellt den möglichen finanziellen Gewinn der Unternehmen durch die Umsetzung von unternehmerischer Nachhaltigkeit in den Vordergrund.[59] Somit werden unternehmerische Bemühungen in Bezug auf ökologische und soziale Nachhaltigkeit durch das Übereinstimmen mit der Shareholder Value Maximization legitimiert.[60]

Beim sogenannten Trade-Off-Ansatz handelt es sich um eine weitere Strategie der instrumentellen Sichtweise, die einen wirtschaftlichen und gewinnmaximierenden Anspruch an Corporate Sustainability hat.[61] Dabei wird das Vorhandensein von Zielkonflikten im Zusammenhang mit den Dimensionen der Nachhaltigkeit anerkannt und soll behoben werden.[62] Stehen ökologische oder soziale Ziele finanziellen gegenüber, entscheiden sich die Unternehmen meist für die finanziellen Ziele.[63] Einfluss auf die Priorisierung von Zielen könnten,

---

[55] Vgl. ebenda, hier S. 537.

[56] Vgl. ebenda.

[57] Vgl. ebenda, hier S. 535.

[58] Vgl. *van der Byl, Connie A./Slawinski, Natalie*: Embracing Tensions in Corporate Sustainability, in: Organization & Environment, 28. Jg. (2015), S. 54–79, hier S. 57.

[59] Vgl. *Husted, Bryan W.*/de Jesus Salazar/José: Taking Friedman Seriously: Maximizing Profits and Social Performance, in: Journal of Business Ethics, 43. Jg. (2006), S. 75–91, hier S. 87.

[60] Vgl. *Margolis, Joshua D./Walsh, James P.*: Misery Loves Companies: Rethinking Social Initiatives by Business, in: Administrative Science Quarterly, 48. Jg. (2003), S. 268–305, hier S. 273.

[61] Vgl. *van der Byl, Connie A./Slawinski, Natalie*: Embracing Tensions in Corporate Sustainability, in: Organization & Environment, 28. Jg. (2015), S. 54–79, hier S. 57.

[62] Vgl. ebenda, hier S. 58.

[63] Vgl. *Slawinski, Natalie/Bansal, Pratima*: Short on Time: Intertemporal Tensions in Business Sustainability, in: Organization Science, 26. Jg. (2015), S. 531–549, hier S. 537.

Battalina et al. (2022) zufolge, auch die Rahmenbedingungen der Zielkonflikte ausüben.[64] Zielkonflikte zwischen den Nachhaltigkeitsdimensionen werden letztlich durch die Entscheidung für eine Dimension ausgeräumt.[65]

Die instrumentelle Betrachtungsweise schränkt die Corporate Sustainability stark ein und missachtet viele Möglichkeiten der Unternehmen zu nachhaltiger Entwicklung.[66] Die integrative Sichtweise hingegen bietet die Möglichkeit einer umfassenderen Analyse.[67] Diese setzt den Fokus nicht auf die ökonomische Dimension, sondern strebt ein gleichgewichtetes Verhältnis der drei Nachhaltigkeitsdimensionen an und erkennt Zielkonflikte an.[68]

Der integrative Ansatz, als eine weitere Strategie, forciert das gleichzeitige Verfolgen der drei Dimensionen von Nachhaltigkeit, auch wenn dabei Spannungen auftreten.[69] Die Dominanz der wirtschaftlichen Betrachtungsweise wird durch erhöhte Aufmerksamkeit in Bezug auf die ökologische sowie die soziale Dimension ausgeglichen.[70] Der Ansatz bietet den Unternehmen bisher jedoch kaum praktisch umsetzbare Implikationen für den Umgang mit Zielkonflikten.[71]

Der paradoxe Ansatz zum Umgang mit Zielkonflikten führt den integrativen Ansatz weiter. Angelehnt wird der Ansatz dabei an das Konzept von Poole und Van de Ven (1989) zum Umgang mit Paradoxa.[72] Spannungen zwischen den drei Dimensionen werden akzeptiert, eingehender untersucht[73] und gegebenenfalls,

---

[64] Vgl. *Battilana, Julie* et al.: Beyond Shareholder Value Maximization: Accounting for Financial/Social Trade-Offs in Dual-Purpose Companies, in: Academy of Management Review, 47. Jg. (2022), S. 237–258, hier S. 249.

[65] Vgl. *van der Byl, Connie A./Slawinski, Natalie*: Embracing Tensions in Corporate Sustainability, in: Organization & Environment, 28. Jg. (2015), S. 54–79, hier S. 58.

[66] Vgl. *Hahn, Tobias* et al.: Trade-offs in corporate sustainability: you can't have your cake and eat it, in: Business Strategy and the Environment, 19. Jg. (2010), S. 217–229, hier S. 219; 226.

[67] Vgl. *Gao, Jijun/Bansal, Pratima*: Instrumental and Integrative Logics in Business Sustainability, in: Journal of Business Ethics, 112. Jg. (2013), S. 241–255, hier S. 252.

[68] Vgl. *van der Byl, Connie A./Slawinski, Natalie*: Embracing Tensions in Corporate Sustainability, in: Organization & Environment, 28. Jg. (2015), S. 54–79, hier S. 57.

[69] Vgl. *Hahn, Tobias* et al.: Tensions in Corporate Sustainability: Towards an Integrative Framework, in: Journal of Business Ethics, 127. Jg. (2015), S. 297–316, hier S. 298.

[70] Vgl. *van der Byl, Connie A./Slawinski, Natalie*: Embracing Tensions in Corporate Sustainability, in: Organization & Environment, 28. Jg. (2015), S. 54–79, hier S. 59.

[71] Vgl. ebenda.

[72] Vgl. *Poole, Marshall S./van de Ven, Andrew H.*: Using Paradox to Build Management and Organization Theories, in: Academy of Management Review, 14. Jg. (1989), S. 562–578.

[73] Vgl. *van der Byl, Connie A./Slawinski, Natalie*: Embracing Tensions in Corporate Sustainability, in: Organization & Environment, 28. Jg. (2015), S. 54–79, hier S. 57.

wenn möglich, aufgelöst.[74] Dabei wird davon ausgegangen, dass das Anerkennen von Spannungen von Vorteil ist.[75] Das Analysieren der Verbindungen zwischen konträren Zielen kann kreative Lösungen ermöglichen.[76] Jedoch ist die Untersuchung von Zielkonflikten mittels des paradoxen Ansatzes komplexer als mittels linearer Modelle wie dem Win-Win- oder Trade-Off-Ansatz.[77] Zudem ist der paradoxe Ansatz in der Forschung bisher weniger präsent.[78]

Im Rahmen einer Meta-Studie haben van der Byl und Slawinski (2015) festgestellt, dass der Win-Win- und der Trade-Off-Ansatz die Forschung im Bereich Management noch immer dominieren.[79] Die integrative und die paradoxe Sichtweise auf Zielkonflikte werden seltener und vor allem im Forschungskontext der Strategieausrichtung diskutiert, nicht aber in empirischen Studien untersucht.[80] Insgesamt wird deutlich, dass Bedarf an praktischen Empfehlungen für Unternehmen im Umgang mit Zielkonflikten im Rahmen der Corporate Sustainability besteht.[81] Die Entwicklung von Konzepten zur Untersuchung von Zielkonflikten und praktisch anwendbaren Unternehmensstrategien, die Nachhaltigkeit auch angesichts von Zielkonflikten fördert, sollten laut Hahn et al. (2010) Thema der Forschung sein.[82]

---

[74] Vgl. *Hahn, Tobias* et al.: Tensions in Corporate Sustainability: Towards an Integrative Framework, in: Journal of Business Ethics, 127. Jg. (2015), S. 297–316, hier S. 300.

[75] Vgl. *van der Byl, Connie A./Slawinski, Natalie*: Embracing Tensions in Corporate Sustainability, in: Organization & Environment, 28. Jg. (2015), S. 54–79, hier S. 59.

[76] Vgl. *Smith, Wendy K./Lewis, Marianne*: Toward A Theory of Paradox: A Dynamic Equilibrium Model of Organizing, in: Academy of Management Review, 36. Jg. (2011), S. 381–403, hier S. 394.

[77] Vgl. *van der Byl, Connie A./Slawinski, Natalie*: Embracing Tensions in Corporate Sustainability, in: Organization & Environment, 28. Jg. (2015), S. 54–79, hier S. 59–60.

[78] Vgl. ebenda, hier S. 60.

[79] Vgl. ebenda, hier S. 61.

[80] Vgl. *van der Byl, Connie A./Slawinski, Natalie*: Embracing Tensions in Corporate Sustainability, in: Organization & Environment, 28. Jg. (2015), S. 54–79, hier S. 70.

[81] Vgl. *Hahn, Tobias* et al.: Trade-offs in corporate sustainability: you can't have your cake and eat it, in: Business Strategy and the Environment, 19. Jg. (2010), S. 217–229, hier S. 226.

[82] Vgl. ebenda.

2.2 Das Konzept der New Corporate Governance zum Umgang mit Zielkonflikten

2.2.1 Bestimmung der neuen Zielfunktion von Unternehmen

Hart und Zingales (2017) proklamieren, dass Shareholder neben monetären Interessen auch soziale Präferenzen besitzen.[83] Die Autoren bezeichnen sie als „prosocial“.[84] Der Einfluss sozialer Normen auf Anlageentscheidungen wird in der Forschung schon seit geraumer Zeit untersucht.[85] In der Praxis zeigen sich die Präferenzen der Aktionäre beispielsweise am zunehmenden Angebot von Environment-Social-Governance-Fonds und vermehrtem Engagement der Aktionäre in Sozial- und Umweltbelangen, auch wenn dies den Marktwert des Unternehmens reduzieren könnte.[86] Diese Entwicklung lässt sich mit bisher geltenden Paradigmen, insbesondere dem Shareholder-Value-Ansatz, nicht in Einklang bringen.[87]

Wenn externe Effekte beachtet werden und einige Aktionäre soziale Präferenzen besitzen, sollten Hart und Zingales (2022) zufolge Unternehmen das Ziel der Shareholder Welfare Maximization verfolgen.[88] Die Unternehmensleitung hat demzufolge neben den finanziellen Konsequenzen auch ökologische und soziale Folgen des unternehmerischen Tuns bei der Maximierung der sogenannten Aktionärswohlfahrt zu beachten.[89] Wesentliche Größe der Zielfunktion von

---

[83] Vgl. *Hart, Oliver/Zingales, Luigi*: Companies Should Maximize Shareholder Welfare Not Market Value, in: Journal of Law, Finance, and Accounting, 2. Jg. (2017), S. 247–274, hier S. 248.

[84] *Hart, Oliver/Zingales, Luigi*: Serving Shareholders Doesn't Mean Putting Profit Above All Else, 12.10.2017, abrufbar unter https://hbr.org/2017/10/serving-shareholders-doesnt-mean-putting-profit-above-all-else (abgerufen am 17.02.2023).

[85] Vgl. *Hong, Harrison/Kacperczyk, Marcin*: The price of sin: The effects of social norms on markets, in: Journal of Financial Economics, 93. Jg. (2009), S. 15–36, hier S. 15–16.

[86] Vgl. *Raghunandan, Aneesh/Rajgopal, Shiva*: Do ESG funds make stakeholder-friendly investments?, in: Review of Accounting Studies, 27. Jg. (2022), S. 822–863, hier S. 823.; *Hart, Oliver/Zingales, Luigi*: The New Corporate Governance, in: University of Chicago Business Law Review, 1. Jg. (2022), S. 195–216, hier S. 196.

[87] Vgl. ebenda.

[88] Vgl. *Hart, Oliver/Zingales, Luigi*: The New Corporate Governance, in: University of Chicago Business Law Review, 1. Jg. (2022), S. 195–216, hier S. 197.

[89] Vgl. *Koch, Christopher/Kneflowski, Maximilian*: Umgang mit Zielkonflikten in der Praxis – „New Corporate Governance“ als Lösungsmöglichkeit?, in: BetriebsBerater, 77. Jg. (2022), S. 1963–1967, hier S. 1964.

Unternehmen ist der Unternehmenswert, der allerdings durch die sozialen Präferenzen der Shareholder und externe Auswirkungen der Unternehmenstätigkeit beeinflusst wird.[90]

Hart und Zingales (2022) modellieren den Grad des sozialen Verantwortungsgefühls von Aktionären mit λ. Dessen Ausprägungen kann zwischen 0 und 1 liegen.[91] Aktionäre mit rein finanziellen Präferenzen erhalten somit den Wert 0 und rein sozial orientierte Aktionäre den Wert 1.[92] Der Nutzen der Beteiligung am Unternehmen, die sogenannte Aktionärswohlfahrt, besteht zum einen aus den finanziellen Folgen und zum anderen aus den sozialen und ökologischen Auswirkungen unternehmerischen Tuns, die mit sozialen Präferenzen λ gewichtet werden.[93] Koch und Kneflowski (2022) fassen Hart und Zingales (2022) daher in folgender Formel zusammen:[94]

$$\Delta \text{ Aktionärswohlfahrt} = \text{Finanzielle Auswirkungen} + \lambda * \text{Externe Auswirkungen}$$

Müssen alle drei Dimensionen von Nachhaltigkeit im Unternehmensalltag berücksichtigt werden, um im Interesse der Aktionäre zu handeln und somit die Aktionärswohlfahrt zu maximieren, können Zielkonflikte auftreten.[95] Dabei müssen häufig „negative finanzielle Auswirkungen gegen positive externe Auswirkungen“[96] abgewogen werden. Das Konzept der NCG kann der Unternehmensleitung als Richtschnur bei Zielkonflikten dienen. Da die sozialen Präferenzen der Aktionäre bei Entscheidungen explizit miteinbezogen werden, können somit auch Maßnahmen durchgeführt werden, die sich negativ auf die Rentabilität auswirken.[97] Sind die mit den sozialen Präferenzen der Aktionäre gewichteten positiven externen Auswirkungen einer Unternehmenshandlung größer als die finanziellen

[90] Vgl. ebenda, hier S. 1965.

[91] Vgl. *Hart, Oliver/Zingales, Luigi*: The New Corporate Governance, in: University of Chicago Business Law Review, 1. Jg. (2022), S. 195–216, hier S. 207.

[92] Vgl. *Koch, Christopher/Kneflowski, Maximilian*: Umgang mit Zielkonflikten in der Praxis – „New Corporate Governance“ als Lösungsmöglichkeit?, in: BetriebsBerater, 77. Jg. (2022), S. 1963–1967, hier S. 1964.

[93] Vgl. ebenda.

[94] ebenda.

[95] Vgl. ebenda.

[96] ebenda.

[97] Vgl. *Koch, Christopher/Kneflowski, Maximilian*: Umgang mit Zielkonflikten in der Praxis – „New Corporate Governance“ als Lösungsmöglichkeit?, in: BetriebsBerater, 77. Jg. (2022), S. 1963–1967, hier S. 1964.

Einbußen, ist die Handlung im Sinn der Aktionäre.[98] Die finanziellen Auswirkungen einer Maßnahme werden mit δ bezeichnet, der Nutzen bzw. die externen Auswirkungen mit h.[99] Shareholder i mit einem Aktienbesitz von s_i wird im Fall, dass

$$-s_i\delta + \lambda_i\,(h - (1 - s_i)\delta) > O$$

$$\leftrightarrow\ -s_i\delta(1 - \lambda_i) + \lambda_i\,(h - \delta) > O$$

für eine Aktion stimmen.[100] Um den Kapitalverlust des Aktionärs auszugleichen, muss der Nutzen h größer als die Kosten δ und die Maßnahme somit sozial effizient sein.[101] Die einmal bestimmten sozialen Präferenzen der Aktionäre können dem Vorstand bei erneut notwendigen Entscheidungen mit Zielkonflikten einen Anhaltspunkt liefern.[102] Jedoch ist es schwierig die Aktionärswohlfahrt in der Praxis zu definieren und zu messen.[103]

2.2.2 Variablen der Zielfunktion der NCG

2.2.2.1 Bestimmung der sozialen Präferenzen der Shareholder

Um im Falle von Zielkonflikten Entscheidungen im Sinne der Shareholder Welfare Maximization treffen zu können, muss der Vorstand die sozialen Präferenzen

---

[98] Vgl. *Hart, Oliver/Zingales, Luigi*: Companies Should Maximize Shareholder Welfare Not Market Value, in: Journal of Law, Finance, and Accounting, 2. Jg. (2017), S. 247–274, hier 252 ff.

[99] Vgl. *Hart, Oliver/Zingales, Luigi*: The New Corporate Governance, in: University of Chicago Business Law Review, 1. Jg. (2022), S. 195–216, hier S. 209.

[100] ebenda.

[101] Vgl. ebenda.

[102] Vgl. *Koch, Christopher/Kneflowski, Maximilian*: Umgang mit Zielkonflikten in der Praxis – „New Corporate Governance“ als Lösungsmöglichkeit?, in: BetriebsBerater, 77. Jg. (2022), S. 1963–1967, hier S. 1966.

[103] Vgl. *Hart, Oliver/Zingales, Luigi*: Companies Should Maximize Shareholder Welfare Not Market Value, in: Journal of Law, Finance, and Accounting, 2. Jg. (2017), S. 247–274, hier S. 260.

der Aktionäre kennen. Dies wäre zum einen durch eine Abstimmung der Aktionäre über Entscheidungen im Kontext der CS, zum anderen aber auch durch eine selektiv nachhaltige Wahl des Investments seitens der Aktionäre denkbar.

Viele Investoren halten ihre Wertpapiere über Investmentfonds.[104] Diese Stimmen treuhänderisch im Auftrag ihrer Investoren ab, wobei die Treuhänder dabei häufig der Maxime der Wertsteigerung des Ergebnisses folgen.[105] Um die Treugeber mehr in den Abstimmungsprozess einzubinden, stehen laut Hart und Zingales (2022) verschiedene Ansätze im Raum.[106] Sollen die sozialen Präferenzen der Investoren auf der Hauptversammlung mittels Abstimmung abgefragt werden,[107] könnte die Abstimmung auf das Level der einzelnen Investoren verlagert werden.[108] Angesichts der diversifizierten Portfolios der einzelnen Anleger und der hohen Informationsanforderung scheint dies jedoch nicht effizient.[109] Abhilfe könnten Proxy Advisors schaffen.[110] Möglich wäre außerdem, dass die Investmentfonds die Präferenzen ihrer Investoren herausfinden und auf Basis der aggregierten Daten abstimmen.[111] Eine weitere Strategie stellt die Selbstselektion der Anleger gemäß ihren individuellen sozialen Präferenzen dar. Investmentfonds können im Vorfeld festgelegte Abstimmungsstrategien in Bezug auf Nachhaltigkeitsthemen kommunizieren, denen sich die Investoren dann zuordnen können.[112] Erste Investmentfonds praktizieren diese Strategie bereits und bieten beispielsweise „light green funds“ oder „dark green funds“ an.[113] Darüber hinaus können die Unternehmen selbst festlegen und kommunizieren welche Nachhaltigkeitsstrategie verfolgt wird, beispielsweise durch die Wahl einer Profit-with-Purpose-Rechtsform, etwa einer „Benefit Coporation“.[114]

---

[104] Vgl. *Hart, Oliver/Zingales, Luigi*: The New Corporate Governance, in: University of Chicago Business Law Review, 1. Jg. (2022), S. 195–216, hier S. 212.

[105] Vgl. ebenda.

[106] Vgl. ebenda.

[107] Vgl. *Koch, Christopher/Kneflowski, Maximilian*: Umgang mit Zielkonflikten in der Praxis – „New Corporate Governance“ als Lösungsmöglichkeit?, in: BetriebsBerater, 77. Jg. (2022), S. 1963–1967, hier S. 1966.

[108] Vgl. *Hart, Oliver/Zingales, Luigi*: The New Corporate Governance, in: University of Chicago Business Law Review, 1. Jg. (2022), S. 195–216, hier S. 212.

[109] Vgl. ebenda, hier S. 213.

[110] Vgl. ebenda.

[111] Vgl. ebenda.

[112] Vgl. ebenda.

[113] Vgl. ebenda, hier S. 213–214.

[114] Vgl. *Levillain, Kevin/Segrestin, Blanche/Hatchuel, Armand*: Profit-with-Purpose Corporations: An Innovation in Corporate Law to Meet Contemporary CSR Challenges, in: The

Prinzipiell sollte sich Shareholder-Engagement auf das Erreichen von nachhaltigen Zielen fokussieren, bei denen das Unternehmen einen komparativen Vorteil gegenüber dem Shareholder besitzt.[115] Dies ist der Fall, wenn die originäre Geschäftstätigkeit eng mit der Schadensverursachung oder der Nutzenstiftung des Unternehmens verbunden ist.[116] Die Aktionäre selbst können diese nicht durch eigene Maßnahmen oder Spenden ungeschehen machen bzw. imitieren.[117] So besitzt das Unternehmen einen komparativen Vorteil, wenn es etwa über eine einzigartige nachhaltige Produktionstechnik, Marktmacht oder über politischen Einfluss verfügt.[118]

Abstimmungen der Shareholder sollten zudem nur dann angestrebt werden, wenn die Folgen der Entscheidung bedeutende Konsequenzen nach sich ziehen.[119] Werden zu viele Punkte zur Abstimmung gestellt, besteht die Gefahr, den einzelnen Shareholder kognitiv zu überfordern und den Handlungsspielraum der Unternehmensführung zu stark einzuschränken.[120] Daher wird etwa eine bestimmte Quote vorgeschlagen, die vorgibt, wieviel Prozent der Aktionäre hinter dem Abstimmungsvorschlag stehen müssen, bevor der Punkt beachtet wird.[121]

Oxford Handbook of Corporate Social Responsibility, hrsg. v. A. McWilliams et al., Oxford 2019, S. 490–513, hier S. 491.

[115] Vgl. *Hart, Oliver/Zingales, Luigi*: The New Corporate Governance, in: University of Chicago Business Law Review, 1. Jg. (2022), S. 195–216, hier S. 210.

[116] Vgl. *Hart, Oliver/Zingales, Luigi*: The New Corporate Governance, in: University of Chicago Business Law Review, 1. Jg. (2022), S. 195–216, hier S. 202.

[117] Vgl. *Koch, Christopher/Kneflowski, Maximilian*: Umgang mit Zielkonflikten in der Praxis – „New Corporate Governance" als Lösungsmöglichkeit?, in: BetriebsBerater, 77. Jg. (2022), S. 1963–1967, hier S. 1964.

[118] Vgl. *Hart, Oliver/Zingales, Luigi*: The New Corporate Governance, in: University of Chicago Business Law Review, 1. Jg. (2022), S. 195–216, hier S. 210–212.

[119] Vgl. *Hart, Oliver/Zingales, Luigi*: Serving Shareholders Doesn't Mean Putting Profit Above All Else, 12.10.2017, abrufbar unter https://hbr.org/2017/10/serving-shareholders-doesnt-mean-putting-profit-above-all-else (abgerufen am 17.02.2023).

[120] Vgl. *Hart, Oliver/Zingales, Luigi*: The New Corporate Governance, in: University of Chicago Business Law Review, 1. Jg. (2022), S. 195–216, hier S. 213–214.

[121] Vgl. *Hart, Oliver/Zingales, Luigi*: Companies Should Maximize Shareholder Welfare Not Market Value, in: Journal of Law, Finance, and Accounting, 2. Jg. (2017), S. 247–274, hier S. 271.

Koch und Kneflowski (2022) schlagen zudem die Filter „Wesentlichkeit des Vorhabens und dessen Eilbedürftigkeit“[122] für die Begrenzung der Vorlagen auf der Hauptversammlung vor.

2.2.2.2 Bestimmung „Impact to society“

Die Bestimmung und Messung der Kosten und des Nutzens von unternehmerischer Nachhaltigkeit sind in der Praxis anspruchsvoll.[123] Um den Einfluss der Unternehmen zu messen, bedarf es multidimensionaler Indikatoren.[124] Bei sehr unterschiedlichen Shareholder-Perspektiven kann es zudem zu stark divergierenden individuellen Einschätzungen des Nutzens kommen.

Die Organisation for Economic Co-operation and Development (OECD) veröffentlichte ein Entwurf zur Messung der nichtfinanziellen Auswirkungen von Unternehmen auf das Wohlergehen ihrer nicht geschäftlich verbundenen Stakeholder. Es werden mit Arbeitnehmern, Konsumenten, lokaler Gemeinschaft und Gesamtgesellschaft vier relevante Stakeholdergruppen identifiziert. Beziehungen mit geschäftlichen Anspruchsgruppen, wie Shareholder und Investoren oder business-to-business-Kunden werden mit der Begründung ausgeklammert, dass diese primär auf finanzielle Interessen ausgerichtet sind. Das Schema bietet einen Überblick über die möglichen Indikatoren, die Unternehmen im Rahmen der Berichterstattung wiedergeben könnten, um ein Bild des Nutzens ihrer Geschäftstätigkeit zu vermitteln.[125]

Die Messung des nichtfinanziellen Einflusses der Firma auf das Wohlergehen der vier Anspruchsgruppen wird in drei Bereiche unterteilt. „Scope 1“ bezieht sich auf das Wohlergehen der Arbeitnehmer und den positiven bzw. negativen Unternehmenseinfluss auf ökonomisches, ökologisches und soziales Kapital

---

[122] *Koch, Christopher/Kneflowski, Maximilian*: Umgang mit Zielkonflikten in der Praxis – „New Corporate Governance“ als Lösungsmöglichkeit?, in: BetriebsBerater, 77. Jg. (2022), S. 1963–1967, hier S. 1966.

[123] Vgl. *Hart, Oliver/Zingales, Luigi*: The New Corporate Governance, in: University of Chicago Business Law Review, 1. Jg. (2022), S. 195–216, hier S. 210.

[124] Vgl. OECD: Measuring the Social Performance of Firms through the Lens of the OECD Well-being Framework, 2022, abrufbar unter https://www.oecd.org/wise/Measuring-the-Social-Performance-of-Firms-through-the-Lens-of-the-OECD-Well-being-Framework-Policy-Brief-February-2022.pdf (abgerufen am 20.03.2023), hier S. 5.

[125] Vgl. OECD: Measuring the Social Performance of Firms through the Lens of the OECD Well-being Framework, 2022, abrufbar unter https://www.oecd.org/wise/Measuring-the-Social-Performance-of-Firms-through-the-Lens-of-the-OECD-Well-being-Framework-Policy-Brief-February-2022.pdf (abgerufen am 20.03.2023), (ganzer Abschnitt).

sowie Humankapital im Hinblick auf die Zukunft der Gesamtgesellschaft.[126] Indikatoren bezüglich des Arbeitnehmerbefindens sollten objektiv beobachtbar sein, denkbar sind z. B. Fluktuationsrate, Arbeitsunfälle und Überstundenstand. Zudem sollten auch Befragungen durchgeführt werden, um die Sicht der Arbeitnehmer selbst zu erlangen. Indikatoren könnten etwa zu Entwicklungsmöglichkeiten, mentaler Gesundheit oder Jobzufriedenheit entwickelt werden. Die Indikatoren des Bereichs des Unternehmensbeitrags auf das Wohlergehen der Gesamtgesellschaft stellen beispielsweise Wassernutzung, Treibhausgasemissionen, gezahlte Steuern, Investitionen oder Zahlungen von Geldstrafen dar. Somit werden positive wie negative Einflüsse einbezogen. Die Indikatoren lassen sich zu den 17 SDG und deren konkreten Zielen zuordnen und sind teilweise schon in den Standards der GRI integriert.[127]

Die beiden weiteren Bereiche können mit den gleichen Indikatoren, wie sie bei „Scope 1" zum Einsatz kommen, gemessen werden. „Scope 2" bündelt Indikatoren hinsichtlich des Einflusses der Geschäftstätigkeit bzw. der Produkte auf das Wohlbefinden der Konsumenten. Ergänzend könnten unter anderem noch Indikatoren zur Sicherheit der Produkte oder Kundenzufriedenheit erfasst werden. Indikatoren des Wohlergehens der Angestellten in der Lieferkette und deren gesellschaftlichem Umfeld fasst „Scope 3" zusammen. Dabei wird jedoch anerkannt, dass es aufgrund der Heterogenität der Produkte und der schwierigen Generierung von Daten über das Wohlbefinden in der Lieferkette, zu Schwierigkeiten kommen kann. Die Lösung dieser Probleme ist ein Ziel für die Zukunft.[128] Insgesamt betrachtet zeigt sich, dass die Quantifizierung des Nutzens je nach Indikator mit zusätzlichem Datengenerierungsaufwand für die Unternehmen verbunden, aber prinzipiell möglich ist. Um festzustellen in welchem Ausmaß und Detailgrad die Unternehmen, auch im Zusammenhang mit den Informationsanforderungen der NCG, über ihre nichtfinanzielle Performance berichten, empfiehlt sich ein Blick in die Nachhaltigkeitsberichterstattungspraxis.

---

[126] Vgl. ebenda, hier S. 2.

[127] Vgl. *Siegerink, Vincent/Shinwell, Michal/Žarnic, Žiga*: Measuring the non-financial performance of firms through the lens of the OECD Wellbeing Framework, Working Paper, 2022, abrufbar unter https://www.oecd-ilibrary.org/docserver/28850c7f-en.pdf?expires=1680096478&id=id&accname=guest&checksum=B93DC29811368D85F6B37EE419DD9065 (abgerufen am 20.03.2023), hier S. 60–65.

[128] Vgl. *Siegerink, Vincent/Shinwell, Michal/Žarnic, Žiga*: Measuring the non-financial performance of firms through the lens of the OECD Wellbeing Framework, Working Paper, 2022, abrufbar unter https://www.oecd-ilibrary.org/docserver/28850c7f-en.pdf?expires=1680096478&id=id&accname=guest&checksum=B93DC29811368D85F6B37EE419DD9065 (abgerufen am 20.03.2023), hier S. 46–49, (ganzer Abschnitt).

2.2.2.3 Bestimmung „Impact to firm"

Für die Bewertung von Maßnahmen im Rahmen der NCG müssen weitere Informationen vorliegen. Neben den sozialen Präferenzen der Aktionäre und Angaben zum Nutzen von nachhaltigem Verhalten sollten auch Zahlen über dessen Kosten vorhanden sein.[129] Koch und Kneflowski (2022) stellen die hohen Informationsanforderungen als eine Schwäche des Konzeptes dar, betonen jedoch, dass es „auch bei nicht exakt quantifizierbaren Inputgrößen einen Beitrag zum strukturierten Umgang mit Zielkonflikten bieten kann".[130]

Die Abgrenzung und Allokation von Kosten, die im Zusammenhang der unternehmerischen Nachhaltigkeit entstehen, kann etwa durch die Anpassungen der klassischen Controllinginstrumente realisiert werden.[131] Die Bestimmung des positiven Einflusses der unternehmerischen Nachhaltigkeit, der auf die Unternehmen zurückfällt, ist deutlich schwieriger zu bestimmen. So sind die Quantifizierung der positiven Auswirkungen auf den Betrieb, etwa im Fall von Mitarbeiterloyalität, aber auch die Bestimmung des Einflusses weitere Variablen mit Herausforderungen verbunden.[132] Albertini (2013) konnte im Rahmen einer Meta-Studie eine positive Beziehung zwischen finanzieller Perfomance und ökologischen Anstrengungen von Unternehmen feststellen.[133] Die Meta-Studie von Margolis und Walsh (2003) deutet auf einen positiven Zusammenhang zwischen sozialverantwortlichem Verhalten und finanzieller Leistungsfähigkeit der Unternehmen hin.[134] Durch nachhaltige Geschäftspraktiken können Vorteile für das

[129] Vgl. *Koch, Christopher/Kneflowski, Maximilian*: Umgang mit Zielkonflikten in der Praxis – „New Corporate Governance" als Lösungsmöglichkeit?, in: BetriebsBerater, 77. Jg. (2022), S. 1963–1967, hier S. 1964.

[130] ebenda.

[131] Vgl. *Horváth, Péter*: „Green" Controlling – Umweltorientierung in der Unternehmenssteuerung, in: Rechnungslegung, Steuern, Corporate Governance, Wirtschaftsprüfung und Controlling, hrsg. v. P. Velte et al., Wiesbaden 2018, S. 611–622, hier S. 618.

[132] Vgl. *Salzmann, Oliver/Ionescu-somers, Aileen/Steger, Ulrich*: The Business Case for Corporate Sustainability, in: European Management Journal, 23. Jg. (2005), S. 27–36, hier S. 33; *Carroll, Archie B./Shabana, Kareem M.*: The Business Case for Corporate Social Responsibility: A Review of Concepts, Research and Practice, in: International Journal of Management Reviews, 12. Jg. (2010), S. 85–105, hier S. 94.

[133] Vgl. *Albertini, Elisabeth*: Does Environmental Management Improve Financial Performance? A Meta-Analytical Review, in: Organization & Environment, 26. Jg. (2013), S. 431–457, hier S. 443.

[134] Vgl. *Margolis, Joshua D./Walsh, James P.*: Misery Loves Companies: Rethinking Social Initiatives by Business, in: Administrative Science Quarterly, 48. Jg. (2003), S. 268–305, hier S. 277.

Unternehmen, etwa in Form von Ressourcen- und Kostenersparnissen oder Wettbewerbsvorteilen, entstehen.[135] Angesichts der Sensibilität solcher Daten muss davon ausgegangen werden, dass Unternehmen, selbst bei Kenntnis genauer Werte, diese nicht in ihren Nachhaltigkeitsberichten veröffentlichen werden.

2.2.3 Einordnung in den bisherigen Forschungskontext

Der Shareholder-Welfare-Ansatz von Hart und Zingales (2017) stimmt nur in manchen Punkten mit dem von Milton Friedman aufgebrachten Shareholder-Value-Ansatz überein.[136] Friedman (1970) betont, dass die Verantwortung der Unternehmen darin liege, den Gewinn und somit das Kapital der Aktionäre zu maximieren.[137] Begründet wird dies mit der treuhänderischen Pflicht des Vorstandes gegenüber den Aktionären.[138] Das Unternehmen soll sich dabei an geltendes Recht und ethische Normen halten, jedoch darüber hinaus nicht sozial aktiv werden.[139] Hart und Zingales (2017) stimmen Friedman zu, dass die Orientierung an der Wohlfahrt der Shareholder ein passendes Ziel ist.[140] Jedoch definieren sie den Begriff der Wohlfahrt anders. Sie setzen ihn nicht mit Marktwert gleich und bemerken, dass die Aktionäre neben monetären Interessen auch über ein soziales Bewusstsein verfügen.[141] Hart und Zingales (2017) konstatieren, im Gegensatz zum Friedmans Ansatz, dass die Unternehmensaktivität nicht immer trennbar von externen Auswirkungen ist und folglich Shareholder Welfare nicht immer mit dem Unternehmenswert gleichgesetzt werden kann.[142] Es sei in diesem Fall

---

[135] Vgl. *Carroll, Archie B./Shabana, Kareem M.*: The Business Case for Corporate Social Responsibility: A Review of Concepts, Research and Practice, in: International Journal of Management Reviews, 12. Jg. (2010), S. 85–105, hier S. 101.

[136] Vgl. *Hart, Oliver/Zingales, Luigi*: Companies Should Maximize Shareholder Welfare Not Market Value, in: Journal of Law, Finance, and Accounting, 2. Jg. (2017), S. 247–274, hier S. 248.

[137] Vgl. *Friedman, Milton*: A Friedman doctrine – The Social Responsibility of Business Is to Increase Its Profits, in: The New York Times Magazine (1970), hier S. 2.

[138] Vgl. ebenda.

[139] Vgl. *Friedman, Milton*: A Friedman doctrine – The Social Responsibility of Business Is to Increase Its Profits, in: The New York Times Magazine (1970), hier S. 2.

[140] Vgl. *Hart, Oliver/Zingales, Luigi*: Companies Should Maximize Shareholder Welfare Not Market Value, in: Journal of Law, Finance, and Accounting, 2. Jg. (2017), S. 247–274, hier S. 248.

[141] Vgl. ebenda.

[142] Vgl. ebenda, hier S. 249.

nicht statthaft, von einem effizienten Resultat durch Shareholder Value Maximization auszugehen.[143] Sind Unternehmenstätigkeit und Auswirkungen jedoch trennbar und Individuen oder Regierungen können Externalitäten ausgleichen, könne Shareholder Welfare mit Shareholder Value gleichgesetzt werden.[144] Gleiches gelte für den Fall, dass Shareholder keine sozialen Präferenzen haben.[145] Dennoch ist das Prinzip der Shareholder Value Maximization heute weit verbreitet.[146] Da die treuhänderische Pflicht des Vorstands gegenüber den Shareholdern meist als implizite Aufforderung zur Fokussierung auf den langfristigen Shareholder Value interpretiert wird,[147] dient dieser den Vorständen als Richtlinie bzw. Business-Norm im Umgang mit Entscheidungen.[148]

Im Gegensatz zum Shareholder-Value- und Shareholder-Welfare-Ansatz, orientiert sich der Stakeholder-Ansatz nicht ausschließlich an den Interessen der Aktionäre.[149] Bei Entscheidungen und im Falle von Zielkonflikten sollen die Interessen sämtlicher, vom unternehmerischen Handeln betroffenen Anspruchsgruppen, einbezogen werden.[150] Somit erkennt dieser Ansatz, wie auch der Shareholder-Welfare-Ansatz, externe Effekte und Interessenskonflikte zwischen verschiedenen Stakeholdern an.[151] Die Interessen der verschiedenen Stakeholder-Gruppen werden anhand des pflichtgemäßen Ermessens des Vorstands oder durch

---

[143] Vgl. *Hart, Oliver/Zingales, Luigi*: The New Corporate Governance, in: University of Chicago Business Law Review, 1. Jg. (2022), S. 195–216, hier S. 204.

[144] Vgl. *Hart, Oliver/Zingales, Luigi*: Companies Should Maximize Shareholder Welfare Not Market Value, in: Journal of Law, Finance, and Accounting, 2. Jg. (2017), S. 247–274, hier S. 249.

[145] Vgl. ebenda, hier S. 270–271.

[146] Vgl. *Hart, Oliver/Zingales, Luigi*: The New Corporate Governance, in: University of Chicago Business Law Review, 1. Jg. (2022), S. 195–216, hier S. 206.

[147] Vgl. *Hart, Oliver/Zingales, Luigi*: Companies Should Maximize Shareholder Welfare Not Market Value, in: Journal of Law, Finance, and Accounting, 2. Jg. (2017), S. 247–274, hier S. 259.

[148] Vgl. *Hart, Oliver/Zingales, Luigi*: The New Corporate Governance, in: University of Chicago Business Law Review, 1. Jg. (2022), S. 195–216, hier S. 207.

[149] Vgl. *Koch, Christopher/Kneflowski, Maximilian*: Umgang mit Zielkonflikten in der Praxis – „New Corporate Governance" als Lösungsmöglichkeit?, in: BetriebsBerater, 77. Jg. (2022), S. 1963–1967, hier S. 1965.

[150] Vgl. *Donaldson, Thomas/Preston, Lee E.*: The Stakeholder Theory of the Corporation: Concepts, Evidence, and Implications, in: Academy of Management Review, 20. Jg. (1995), S. 65–91, hier S. 67.

[151] Vgl. *Koch, Christopher/Kneflowski, Maximilian*: Umgang mit Zielkonflikten in der Praxis – „New Corporate Governance" als Lösungsmöglichkeit?, in: BetriebsBerater, 77. Jg. (2022), S. 1963–1967, hier S. 1965.

politische Vorgaben gewichtet und nicht nur auf Aktionärsinteressen begrenzt.[152] Koch und Kneflowski (2022) bezeichnen die NCG als „einen Mittelweg zwischen Shareholder-Value-Ansatz und dem Stakeholder-Ansatz".[153]

2.2.4 Implikationen der NCG für den Umgang mit Zielkonflikten in der deutschen Unternehmenspraxis

Der Vorstand eines an der Aktionärswohlfahrt orientierten Unternehmens sollte bei der Gestaltung der Unternehmensstrategie neben finanziellen auch soziale und ökologische Auswirkungen mit einbeziehen.[154] Das Vorgehen bei dadurch entstehenden Zielkonflikten sollte gegenüber den Aktionären offenlegt werden.[155] Dabei sollte transparent berichtet werden, inwieweit finanzielle Einbußen zugunsten von positiven externen Effekten akzeptiert und wie diese Einbußen und Effekte bewertet werden.[156] Durch die Offenlegung der Unternehmensstrategie im Umgang mit Zielkonflikten können potenzielle Investoren diese mit ihren eigenen sozialen Präferenzen abgleichen und somit in Unternehmen investieren, die zu ihren Präferenzen passen.[157]

Bei konkreten Entscheidungen im Fall von Zielkonflikten sollte sich die Unternehmensleitung eines Shareholder Welfare maximierenden Unternehmen an den sozialen Präferenzen der Aktionäre orientieren.[158] Um diese zu bestimmen, könnte Aktionären die Möglichkeit zur Abstimmung gegeben werden.[159] Denn diese führt, wenn die meisten Aktionäre soziale Präferenzen und geringe Unternehmensanteile haben, meist zu einem sozial effizienten Ergebnis.[160] Möglich

---

[152] Vgl. ebenda.

[153] Ebenda, hier S. 1967.

[154] Vgl. *Hart, Oliver/Zingales, Luigi*: Companies Should Maximize Shareholder Welfare Not Market Value, in: Journal of Law, Finance, and Accounting, 2. Jg. (2017), S. 247–274, hier S. 248.

[155] Vgl. ebenda, hier S. 259.

[156] Vgl. *Koch, Christopher/Kneflowski, Maximilian*: Umgang mit Zielkonflikten in der Praxis – „New Corporate Governance" als Lösungsmöglichkeit?, in: BetriebsBerater, 77. Jg. (2022), S. 1963–1967, hier S. 1966.

[157] Vgl. ebenda.

[158] Vgl. ebenda.

[159] Vgl. *Hart, Oliver/Zingales, Luigi*: The New Corporate Governance, in: University of Chicago Business Law Review, 1. Jg. (2022), S. 195–216, hier S. 204.

[160] Vgl. ebenda, hier S. 209.

wäre die Abstimmung über Zielkonflikte im Rahmen einer Hauptversammlung.[161] Wenn es der Vorstand eines deutschen Unternehmens fordert, kann die Hauptversammlung über Fragen der Geschäftsführung abstimmen (§ 119 Abs. 2 AktG) und somit ihre Präferenzen offenlegen. Aktionäre können wiederum die Beachtung ihrer sozialen Präferenzen selbst einfordern, indem sie im Rahmen des § 122 Abs. 2 AktG eine Ergänzung der Tagesordnung anstreben und über die Punkte abstimmen lassen.[162] Jedoch kann der Vorstand ein solches Ersuchen ablehnen, sofern sich die Punkte nicht auf den Kompetenzbereich der Hauptversammlung beziehen und Geschäftsführungsmaßnahmen betreffen.[163]

Wird die Umsetzung der NCG angestrebt, ergeben sich neue Anforderungen an die Berichterstattung.[164] Bevor Investoren auf der Hauptversammlung abstimmen, sollte das Unternehmen sie umfassend über Kosten und Nutzen der zur Debatte stehenden Maßnahme informieren.[165] Nach deutschem Recht sollten Informationen über die zur Abstimmung gestellten Geschäftsführungsmaßnahmen in Form eines schriftlichen Berichts bekanntgegeben werden.[166] Koch und Kneflowski (2022) legen die Tagesordnung der Hauptversammlung als Publikationsmedium nahe.[167]

Um den Stand und Erfolg der Durchführung von Maßnahmen für die Aktionäre kontrollierbar zu machen, muss die Unternehmensleitung auch im Folgenden weiter darüber informieren.[168] So sollte der Vorstand verständlich machen,

---

[161] Vgl. *Koch, Christopher/Kneflowski, Maximilian*: Umgang mit Zielkonflikten in der Praxis – „New Corporate Governance" als Lösungsmöglichkeit?, in: BetriebsBerater, 77. Jg. (2022), S. 1963–1967, hier S. 1966.

[162] Vgl. ebenda.

[163] Vgl. *Rieckers, Oliver*: AktG § 122 Einberufung auf Verlangen einer Minderheit, in: BeckOGK, hrsg. v. M. Henssler, G. Spindler und E. Stilz, Köln, Göttingen, Stuttgart 2020, hier Rn. 24; 56.

[164] Vgl. *Koch, Christopher/Kneflowski, Maximilian*: Umgang mit Zielkonflikten in der Praxis – „New Corporate Governance" als Lösungsmöglichkeit?, in: BetriebsBerater, 77. Jg. (2022), S. 1963–1967, hier S. 1966.

[165] Vgl. ebenda.

[166] Vgl. *Dietz-Vellmer, Fabian*: Hauptversammlungsbeschlüsse nach § 119 II AktG – geeignetes Mittel zur Haftungsvermeidung für Organe?, in: Neue Zeitschrift für Gesellschaftsrecht, 17. Jg. (2014), S. 721–760, hier S. 721.

[167] Vgl. *Koch, Christopher/Kneflowski, Maximilian*: Umgang mit Zielkonflikten in der Praxis – „New Corporate Governance" als Lösungsmöglichkeit?, in: BetriebsBerater, 77. Jg. (2022), S. 1963–1967, hier S. 1966.

[168] Vgl. *Koch, Christopher/Kneflowski, Maximilian*: Umgang mit Zielkonflikten in der Praxis – „New Corporate Governance" als Lösungsmöglichkeit?, in: BetriebsBerater, 77. Jg. (2022), S. 1963–1967, hier S. 1966.

„dass durch die umgesetzten Aktivitäten tatsächlich die prognostizierten positiven ökologischen und sozialen Effekte erreicht wurden, die zur Kompensation der geringeren finanziellen Erträge in Aussicht gestellt wurden."[169] Andernfalls könnte er für unzureichende finanzielle Ergebnisse zur Rechenschaft gezogen werden.[170] Denkbar wäre diese Form der Berichterstattung im Kontext der vom deutschen Handelsrecht geforderten nichtfinanziellen Berichterstattung (§§ 289b-e HGB; §§ 315b-c HGB). Diese könnte zudem als Medium zur Offenlegung der Strategie im Umgang mit Zielkonflikten genutzt werden.

2.3 Die Rolle der Berichterstattung zur Umsetzung der New Corporate Gouvernance

2.3.1 Aufgaben der Nachhaltigkeitsberichterstattung

Nachhaltigkeitsberichte stellen ein Medium dar, in welchem die Nachhaltigkeitsperformance des Unternehmens im Berichtzeitraum sowie allgemeine Informationen zu unternehmensspezifischen Werten und dem Umgang mit dem Thema Nachhaltigkeit publiziert werden können.[171] Somit eignen sie sich grundsätzlich dafür die erforderlichen Informationen des NCG-Ansatzes wiederzugeben. Nachhaltigkeitsberichte, als Instrument der externen Kommunikation,[172] stehen den Shareholdern zur Verfügung und sind in der Lage diese zu informieren. Generell besteht bei allen Stakeholder-Gruppen Interesse an dem Bericht, da Unternehmen auf diese Weise zeigen, wie sie den verschiedenen Bedürfnissen ihrer Anspruchsgruppen nachkommen.[173] Das Schaffen von Vertrauen bei den Stakeholdern ist für Unternehmen wichtig, um ihre „social license to operate" zu

---

[169] ebenda.

[170] Vgl. *Hart, Oliver/Zingales, Luigi*: The New Corporate Governance, in: University of Chicago Business Law Review, 1. Jg. (2022), S. 195–216, hier S. 206–207.

[171] Vgl. *Haffar, Merriam/Searcy, Cory*: Legitimizing Potential "Bad News": How Companies Disclose on Their Tension Experiences in Their Sustainability Reports, in: Organization & Environment, 33. Jg. (2020), S. 534–553, hier S. 534.

[172] Vgl. *Fifka, Matthias S.*: Nachhaltigkeitsberichterstattung: Eingrenzung eines heterogenes Phänomen, in: CSR und Reporting, hrsg. v. M. S. Fifka, Berlin, Heidelberg 2014, S. 1–18, hier S. 4.

[173] Vgl. ebenda, hier S. 4–5.

bewahren.[174] Die veröffentlichten Informationen können den Shareholdern somit auch zur Kontrolle der Unternehmensführung hinsichtlich der Beachtung ihrer sozialen Präferenzen dienen. Angesichts des steigenden Interesses der Investoren an unternehmerischer Nachhaltigkeit, kann ein Nachhaltigkeitsbericht zudem ein positives Signal an den Kapitalmarkt senden.[175] Dies eröffnet Investoren die Möglichkeit, bei Anlageentscheidungen Investments entsprechend ihrer sozialen Präferenzen zu tätigen. Nachhaltigkeitsberichterstattung kann zudem das Image der Firma verbessern , Konsumverhalten und Loyalität der Konsumenten sowie die Beziehungen zu Arbeitnehmern und Lieferanten positiv beeinflussen.[176]

Daneben kann die Erstellung eines Nachhaltigkeitsberichts auch intern Nutzen bringen.[177] Die Anfertigung des Berichts bietet den Unternehmen eine Möglichkeit zur Selbstreflektion über Stärken und Schwächen im Zusammenhang der unternehmerischen Nachhaltigkeit.[178] Zudem stellt die Auseinandersetzung mit den ökonomischen, ökologischen und sozialen Auswirkungen des Unternehmens eine Form des Risikomanagements dar.[179]

2.3.2 Aktuelle Berichterstattungsvorschriften in Deutschland

Große kapitalmarktorientierte Unternehmen mit mehr als 500 Arbeitnehmern haben in Deutschland eine nichtfinanzielle Erklärung als Teil des Lageberichts oder als gesonderten Bericht abzugeben (§§ 289b-e HGB; §§ 315b-c HGB). Nichtfinanzielle Leistungsindikatoren im Hinblick auf den Geschäftsverlauf oder

---

[174] Vgl. *Haffar, Merriam/Searcy, Cory*: Legitimizing Potential "Bad News": How Companies Disclose on Their Tension Experiences in Their Sustainability Reports, in: Organization & Environment, 33. Jg. (2020), S. 534–553, hier S. 536.

[175] Vgl. Richtlinie 2022/2464 des EU-Parlaments und des Rates vom 14. Dezember 2022 zur Änderung der Verordnung (EU) Nr. 537/2014 und der Richtlinien 2004/109/EG, 2006/43/EG und 2013/34/EU hinsichtlich der Nachhaltigkeitsberichterstattung von Unternehmen, AB EU v. 16.12.2022, L322, S. 4.

[176] Vgl. *Fifka, Matthias S.*: Nachhaltigkeitsberichterstattung: Eingrenzung eines heterogenes Phänomen, in: CSR und Reporting, hrsg. v. M. S. Fifka, Berlin, Heidelberg 2014, S. 1–18, hier S. 12.

[177] Vgl. ebenda, hier S. 4–5.

[178] Vgl. *Perrini, Francesco*: The Practitioner's Perspective on Non-Financial Reporting, in: California Management Review, 48. Jg. (2006), S. 73–103, hier S. 74.

[179] Vgl. *Fifka, Matthias S.*: Nachhaltigkeitsberichterstattung: Eingrenzung eines heterogenes Phänomen, in: CSR und Reporting, hrsg. v. M. S. Fifka, Berlin, Heidelberg 2014, S. 1–18, hier S. 10.

die Unternehmenslage müssen im Lagebericht genannt und erläutert werden (§ 289 Abs. 3 HGB; § 315 Abs. 3 HGB). Neben dem Geschäftsmodell soll in der nichtfinanziellen Erklärung auf die Aspekte Umwelt-, Arbeitnehmer- und Sozialbelange sowie die Achtung der Menschenrechte und die Bekämpfung von Korruption und Bestechung eingegangen werden (§ 289c Abs. 1–2 HGB; § 315c HGB). Um ein Verständnis der Lage des Unternehmens und der Auswirkungen seiner Geschäftstätigkeit zu bekommen, soll dabei beschrieben werden, welche Konzepte die Kapitalgesellschaft bei den einzelnen Aspekten verfolgt (§ 289c Abs. 3 Nr. 1 HGB; § 315c Abs. 2 HGB). Somit könnten Unternehmen im Zuge der NCG an dieser Stelle kommunizieren, inwiefern der Einklang zwischen den drei Nachhaltigkeitsdimensionen realisierbar ist und welche Rolle die sozialen Präferenzen der Aktionäre im Umgang mit den fünf vorgegebenen Themenbereichen spielen.[180]

Es sollen darüber hinaus Informationen zu Ergebnissen der Verwirklichung der Konzepte, wesentlichen Risiken aus Geschäftstätigkeit und -beziehungen für die fünf vorgeschrieben Aspekte sowie deren Handhabung bereitgestellt werden (§ 289c Abs. 3 Nr. 2, 3, 4 HGB; § 315c Abs. 2 HGB). Folglich kann die nichtfinanzielle Berichterstattung zum einen zur Kontrolle der NCG-Implementierung des Unternehmens genutzt werden. Zum anderen werden Unternehmen, im Einklang mit dem NCG-Ansatz, aufgefordert, über Zielkonflikte und ihre Strategie zu deren Handhabung in ihren Nachhaltigkeitsberichten zu informieren. Zudem sind bedeutsame nichtfinanzielle Leistungsindikatoren und Verweise auf Beträge im Jahresabschluss nebst zusätzlichen Erläuterungen zu veröffentlichen (§ 289c Abs. 3 Nr. 5, 6 HGB; § 315c Abs. 2 HGB). Im Zuge dessen könnten Unternehmen über Kosten und Nutzen von unternehmerischer Nachhaltigkeit berichten. Bezüglich der Eignung der nichtfinanziellen Berichterstattung im Sinne des HGB kommen Koch und Kneflowski (2022) zu dem Ergebnis, „[...] dass Informationen vermittelt werden, die gemäß der ‚New Corporate Governance' relevant sind."[181]

Bei der Erstellung der nichtfinanziellen Erklärung gibt es in Deutschland keine Vorschriften in Bezug auf zu verwendende Berichterstattungsstandards. Unternehmen können sie frei oder in Anlehnung an „nationale, europäische oder internationale Rahmenwerke" (§ 289d HGB) erstellen. Etabliert haben sich beispielsweise die Standards der Global Reporting Initiative (GRI), der Deutsche Nachhaltigkeitskodex oder die Standards des Sustainable Accounting Standards

[180] Vgl. *Koch, Christopher/Kneflowski, Maximilian*: Umgang mit Zielkonflikten in der Praxis – „New Corporate Governance" als Lösungsmöglichkeit?, in: BetriebsBerater, 77. Jg. (2022), S. 1963–1967, hier S. 1967.

[181] ebenda.

Board (SASB).[182] Zudem können sich Unternehmen zu internationalen Grundsätzen, wie den Prinzipien des Global Compact oder den Richtlinien der OECD, bekennen. Die Implementierung des darin vorgeschriebenen verantwortlichen Handelns kann dann im Nachhaltigkeitsbericht illustriert werden.[183] Folglich sind Unternehmen frei in der Gestaltung der Nachhaltigkeitsberichte. Darstellung und Inhalte fallen somit heterogen aus.[184] Frostenson und Helin (2017) empfehlen im Hinblick auf den Umgang mit Zielkonflikten von Beginn an Richtlinien im Unternehmen zu etablieren.[185]

2.3.3 CSRD – die neu entstehende EU-Richtlinie

Mit dem Inkrafttreten der neuen EU-Richtline zur Nachhaltigkeitsberichterstattung von Unternehmen werden die Berichterstattungspflichten zum 1. Januar 2024 stark ausgeweitet.[186] Die sogenannte CSRD weitet die seit 2014 geltenden Normen der Non-Financial Reporting Directive (NFRD) aus.[187] So wird etwa die Zahl der berichterstattungspflichtigen kapitalmarktorientieren und nicht-kapitalmarktorientierten Unternehmen in der EU mit der schrittweisen Umsetzung der CSRD schätzungsweise von 11.600 auf 49.000 ansteigen.[188] Die CSRD zielt darauf ab, den „Green Deal" der EU umzusetzen, mehr europäische Unternehmen zur Berichterstattung und Rechenschaft über ihre Nachhaltigkeitspraxis zu verpflichten und Lücken in den bisherigen Vorschriften zu schließen.[189]

---

[182] Vgl. *Bernard-Rau, Brigitte/Schnerring, Guilhem*: Gabler Kompakt-Lexikon Corporate Social Responsibility, Wiesbaden 2022, hier S. 25.

[183] Vgl. *Stolz, Johannes*: Nachhaltigkeitsreporting im internationalen Kontext, in: CSR und Reporting, hrsg. v. M. S. Fifka, Berlin, Heidelberg 2014, S. 159–172, hier S. 162.

[184] Vgl. *Haffar, Merriam/Searcy, Cory*: Legitimizing Potential "Bad News": How Companies Disclose on Their Tension Experiences in Their Sustainability Reports, in: Organization & Environment, 33. Jg. (2020), S. 534–553, hier S. 536.

[185] Vgl. *Frostenson, Magnus/Helin, Sven*: Ideas in conflict: a case study on tensions in the process of preparing sustainability reports, in: Sustainability Accounting, Management and Policy Journal, 8. Jg. (2017), S. 166–190, hier S. 185–186.

[186] Vgl. Bundesministerium für Arbeit und Soziales: Corporate Sustainability Reporting Directive (CSRD), abrufbar unter https://www.csr-in-deutschland.de/DE/CSR-Allgemein/CSR-Politik/CSR-in-der-EU/Corporate-Sustainability-Reporting-Directive/corporate-sustainability-reporting-directive-art.html (abgerufen am 02.03.2023).

[187] Vgl. ebenda.

[188] Vgl. ebenda.

[189] Vgl. ebenda.

Für die Berichterstattungspraxis wird eine Verbesserung der Messbarkeit und Vergleichbarkeit der Angaben mittels Kennzahlen angestrebt.[190] Dabei wird explizit die Absicht, „monetäre Indikatoren für Nachhaltigkeitsauswirkungen"[191] und „sowohl zukunfts- als auch vergangenheitsbezogene Informationen"[192] in den Berichten zu fordern, angesprochen. Da somit konkrete Werte von Kosten und Nutzen der Unternehmenstätigkeit offengelegt werden sollen, könnte dies die Umsetzung der NCG erleichtern.

Zudem sollen die Berichtsinhalte ausgeweitet werden.[193] So sollen Unternehmen bspw. konkret zeigen, wie die Geschäftsstrategie das Ziel der nachhaltigen Wirtschaft und das Pariser Klimaabkommen unterstützt.[194] Im Zusammenhang mit den durch unternehmerische Nachhaltigkeit entstehenden Zielkonflikten ergeben sich mit der CSRD ebenfalls weitreichendere Berichterstattungspflichten. Unternehmen werden verpflichtet „die wesentlichen – tatsächlichen und potenziellen – nachteiligen Auswirkungen im Zusammenhang mit den Tätigkeiten des Unternehmens"[195] und ihren Umgang mit diesen zu veröffentlichen. Somit soll sich die Transparenz der Berichte im Hinblick auf die unternehmerische Nachhaltigkeit erhöhen und, angesichts des steigenden Interesses der Öffentlichkeit, auch die Bestrebungen der Unternehmen gefördert werden, die kommunizierten Zielkonflikte zu bearbeiten.

Eine weitere Neuerung der CSRD ist die Umsetzung der sogenannten doppelten Wesentlichkeit. Unternehmen sind dadurch verpflichtet über die Effekte ihrer Geschäftstätigkeit auf Umwelt und Gesellschaft und über die Wirkung von Nachhaltigkeitsaspekten auf das Unternehmen selbst zu informieren.[196] Bisher musste nur

---

[190] Vgl. Richtlinie 2022/2464 des EU-Parlaments und des Rates vom 14. Dezember 2022 zur Änderung der Verordnung (EU) Nr. 537/2014 und der Richtlinien 2004/109/EG, 2006/43/EG und 2013/34/EU hinsichtlich der Nachhaltigkeitsberichterstattung von Unternehmen, AB EU v. 16.12.2022, L322, S. 11.

[191] Vgl. ebenda, S. 15.

[192] Vgl. ebenda, S. 11.

[193] Vgl. Richtlinie 2022/2464 des EU-Parlaments und des Rates vom 14. Dezember 2022 zur Änderung der Verordnung (EU) Nr. 537/2014 und der Richtlinien 2004/109/EG, 2006/43/EG und 2013/34/EU hinsichtlich der Nachhaltigkeitsberichterstattung von Unternehmen, AB EU v. 16.12.2022, L322, S. 29.

[194] Vgl. ebenda, S. 10.

[195] Vgl. ebenda.

[196] Vgl. ebenda.

dann berichtet werden, wenn eine Begebenheit beide Merkmale erfüllte.[197] Die doppelte Wesentlichkeit wird die Zahl der publizierten Informationen erhöhen und kann die Berichte folglich vollständiger machen.[198] Jedoch besteht die Möglichkeit, dass dadurch viele Informationen veröffentlicht werden, die für die meisten Adressaten des Berichts nicht relevant sind.[199]

Mit dem Inkrafttreten der CSRD werden Nachhaltigkeitsberichte prüfungspflichtig. Die Anforderungen an die Aussagefähigkeit der vorgeschrieben externen Prüfung werden zudem sukzessive erhöht. Ziel ist die Prüfung mit hinreichender Sicherheit wie sie bei der Finanzberichterstattung vorgeschrieben ist.[200] Die Testierungspflicht wirkt somit dem Vorwurf der Manipulation der Nachhaltigkeitsberichterstattung im Unternehmensinteresse entgegen.[201] Die CSRD schreibt darüber hinaus die verpflichtende Eingliederung des Nachhaltigkeitsberichts in den Lagebericht und ein kongruentes elektronisches Berichtsformat vor.[202] Die European Financial Reporting Advisory Group (EFRAG) fertigt derzeit Standards im Sinne der CSRD an.[203] Ziele dabei sind, zum einen die Vergleichbarkeit der Unternehmensleistungen in der EU zu erhöhen und zum anderen die selektive Publikation von überwiegend positiven Informationen zu verringern, da ein ausgewogeneres Bild vorgegeben wird.[204]

---

[197] Vgl. Bundesministerium für Arbeit und Soziales: Corporate Sustainability Reporting Directive (CSRD), abrufbar unter https://www.csr-in-deutschland.de/DE/CSR-Allgemein/CSR-Politik/CSR-in-der-EU/Corporate-Sustainability-Reporting-Directive/corporate-sustainability-reporting-directive-art.html (abgerufen am 02.03.2023).

[198] Vgl. *Baumüller, Josef/Sopp, Karina*: Double materiality and the shift from non-financial to European sustainability reporting: review, outlook and implications, in: Journal of Applied Accounting Research, 23. Jg. (2022), S. 8–28, hier S. 20.

[199] Vgl. ebenda.

[200] Vgl. Bundesministerium für Arbeit und Soziales: Corporate Sustainability Reporting Directive (CSRD), abrufbar unter https://www.csr-in-deutschland.de/DE/CSR-Allgemein/CSR-Politik/CSR-in-der-EU/Corporate-Sustainability-Reporting-Directive/corporate-sustainability-reporting-directive-art.html (abgerufen am 02.03.2023).

[201] Vgl. *Fifka, Matthias S.*: Nachhaltigkeitsberichterstattung: Eingrenzung eines heterogenes Phänomen, in: CSR und Reporting, hrsg. v. M. S. Fifka, Berlin, Heidelberg 2014, S. 1–18, hier S. 5.

[202] Vgl. Bundesministerium für Arbeit und Soziales: Corporate Sustainability Reporting Directive (CSRD), abrufbar unter https://www.csr-in-deutschland.de/DE/CSR-Allgemein/CSR-Politik/CSR-in-der-EU/Corporate-Sustainability-Reporting-Directive/corporate-sustainability-reporting-directive-art.html (abgerufen am 02.03.2023).

[203] Vgl. ebenda.

[204] Vgl. *Fifka, Matthias S.*: Nachhaltigkeitsberichterstattung: Eingrenzung eines heterogenes Phänomen, in: CSR und Reporting, hrsg. v. M. S. Fifka, Berlin, Heidelberg 2014, S. 1–18, hier S. 6–7.

Empirische Analyse 3

3.1 Entwicklung der Fragestellung

Angesichts der drängenden Gesellschafts- und Umweltfragen sowie dem steigenden Interesse des Kapitalmarkts an nachhaltigen Investments, sollten Unternehmen eine Nachhaltigkeitsstrategie entwickeln. Für den Umgang mit auftretenden Zielkonflikten zwischen den drei Nachhaltigkeitsdimensionen bietet der New-Corporate-Governance-Ansatz von Hart und Zingales (2017) einen neuen Blickwinkel. Indem den sozialen Präferenzen der Shareholder und den externen Auswirkungen der Geschäftstätigkeit ein Stellenwert bei der Maximierung der Aktionärswohlfahrt zugemessen wird, verändert sich das Entscheidungskalkül der Unternehmensleitung bei Zielkonflikten. Aufgrund der damit verbundenen steigenden Informationsanforderungen könnte sich die öffentliche Kommunikation der Unternehmen verändern. In Deutschland gibt es einerseits einige gesetzliche Vorgaben zur Nachhaltigkeitsberichterstattung. Anderseits ermöglichen die dabei verbleibenden Gestaltungsspielräume den Unternehmen die eigenverantwortliche Variation von Umfang und Detailgrad des Berichts. Insofern wäre es interessant zu erfahren, inwieweit die aktuelle Nachhaltigkeitsberichterstattungspraxis in Deutschland kompatibel mit den Informationsanforderungen ist, die im Rahmen der NCG entstehen.

Um diese Forschungsfrage zu beantworten, muss zunächst analysiert werden, ob und über welche Zielkonflikte deutsche Unternehmen berichten. Im nächsten

Ergänzende Information Die elektronische Version dieses Kapitels enthält Zusatzmaterial, auf das über folgenden Link zugegriffen werden kann https://doi.org/10.1007/978-3-658-45329-9_3.

J. Reimer, *Nachhaltigkeitsberichterstattung großer Unternehmen*, BestMasters, https://doi.org/10.1007/978-3-658-45329-9_3

Schritt sollte darauf aufbauend festgestellt werden, welchen Stellenwert die sozialen Präferenzen der Shareholder im Umgang mit Zielkonflikten besitzen. Ferner gilt es zu prüfen, welche Strategie die Unternehmen zu deren Lösung kommunizieren und inwieweit damit verbundene Informationen zu Kosten und Nutzen publiziert werden.

3.2 Untersuchungsdesign

3.2.1 Darstellung des ausgewählten Forschungskontexts

Die Grundlage zur Untersuchung der Forschungsfrage stellen offiziell veröffentlichte Nachhaltigkeitsberichte deutscher Unternehmen dar. Diese Berichte, als Instrument der externen Kommunikation, sind öffentlich zugänglich und können somit von Stakeholdern und insbesondere Shareholdern als Informationsquelle genutzt werden.[1]

Die aus großen deutschen Unternehmen bestehende Grundgesamtheit wurde im Zuge des qualitativen Charakters der Untersuchung durch einen Branchenfokus verkleinert. Ausgewählt wurde die Chemiebranche, da sie einen der größten Industriezweige Deutschlands darstellt.[2] Darüber hinaus steht diese Branche unter besonderer Beobachtung hinsichtlich potenzieller negativer Auswirkungen auf die Umwelt, da Vorfälle dieser Art in der Vergangenheit bereits auftraten.[3] Untersuchungen zeigen zudem, dass Unternehmen in risikoreichen Branchen, wie der Chemiebranche, umfassender berichten als Unternehmen in risikoärmeren

---

[1] Vgl. *Haffar, Merriam/Searcy, Cory*: Legitimizing Potential "Bad News": How Companies Disclose on Their Tension Experiences in Their Sustainability Reports, in: Organization & Environment, 33. Jg. (2020), S. 534–553, hier S. 538.

[2] Vgl. VCI: Auf einen Blick – Chemische Industrie 2020, 2020, abrufbar unter https://www.vci.de/vci/downloads-vci/publikation/chemische-industrie-auf-einen-blick.pdf (abgerufen am 24.03.2023).

[3] Vgl. *Gazdar, Kaevan*: Zwischen Struktur und Storytelling: Best Practice in Reporting, in: CSR und Reporting, hrsg. v. M. S. Fifka, Berlin, Heidelberg 2014, S. 173–180, hier S. 174.

Branchen.[4] Die Nachhaltigkeitsleistungen und -berichte von Chemieunternehmen wurden in der Vergangenheit zudem wiederholt ausgezeichnet.[5] Somit kann davon ausgegangen werden, dass die Nachhaltigkeitskommunikation dieser Branche einen relevanten und fundierten ersten Ausgangspunkt für Untersuchungen darstellt.

Um dem Kriterium „große Unternehmen" gerecht zu werden, wurden die vom Verband der Chemischen Industrie e. V. benannten drei umsatzstärksten deutschen Chemieunternehmen des Jahres 2021 ausgewählt.[6] Die integrierten Nachhaltigkeitsberichte der BASF SE und der Fresenius SE & Co. KGaA sowie der eigenständige Nachhaltigkeitsbericht der Bayer AG standen auf den jeweiligen Unternehmenswebseiten zur Verfügung. Im Sinne der Vergleichbarkeit der Berichte wurden unter anderem die jeweiligen Konzernabschlüsse und Chancen- und Risikoberichte der BASF und Fresenius aus dem Untersuchungsrahmen ausgeklammert (siehe Anhang 1 im elektronischen Zusatzmaterial). Das Datenmaterial umfasste somit insgesamt 383 Seiten.

Im Hinblick auf den Entstehungskontext gilt es festzuhalten, dass die Unternehmen mit den Berichten der handelsrechtlichen Verpflichtung zur Nachhaltigkeitsberichterstattung nachkommen. Die Verfasser der Berichte bzw. die beteiligten Abteilungen sind in allen drei Fällen nicht näher spezifiziert. Die Nachhaltigkeitsberichte wurden in deutscher und englischer Sprache publiziert, analysiert wurde jeweils die deutschsprachige Version. Bayer richtet den Bericht an den GRI, den zehn Prinzipien des UN Global Compact (UN GC), dem Rahmenwerk des SASB und den Empfehlungen der Task Force on Climate-Related Financial Disclosures (TCFD) aus. Die BASF nutzt bei der Erstellung der nichtfinanziellen Berichterstattung die GRI-Standards sowie die zehn Prinzipien des UN GC. Fresenius bezieht sich in seinem Nachhaltigkeitsbericht auf GRI-Standards,

---

[4] Vgl. *Young, Suzanne/Marais, Magalie*: A Multi-level Perspective of CSR Reporting: The Implications of National Institutions and Industry Risk Characteristics, in: Corporate Governance: An International Review, 20. Jg. (2012), S. 432–450, hier S. 446.; *Tagesson, Torbjörn* et al.: What explains the extent and content of social and environmental disclosures on corporate websites: a study of social and environmental reporting in Swedish listed corporations, in: Corporate Social Responsibility and Environmental Management, 16. Jg. (2009), S. 352–364, hier S. 360.

[5] Vgl. *Gazdar, Kaevan*: Zwischen Struktur und Storytelling: Best Practice in Reporting, in: CSR und Reporting, hrsg. v. M. S. Fifka, Berlin, Heidelberg 2014, S. 173–180, hier S. 174.

[6] Vgl. VCI: Die umsatzstärksten deutschen Chemieunternehmen (2021), 2022, abrufbar unter https://www.vci.de/die-branche/zahlen-berichte/die-umsatzstaerksten-deutschen-chemieunternehmen.jsp (abgerufen am 14.12.2022), hier S. 1.

den SASB-Index und Empfehlungen der TCFD. Alle drei Unternehmen stellen zudem den Prozess zur Analyse wesentlicher Berichtsthemen verbal und grafisch dar.

Im CSR-Reporting-Ranking des Jahres 2021, welches das Institut für ökologische Wirtschaftsforschung (IÖW) in Zusammenarbeit mit der Unternehmensvereinigung future regelmäßig erstellt, belegt die BASF mit 61,9 von 100 möglichen Punkten den vierten Platz im Ranking der großen Unternehmen. Bayer belegt mit 55 Punkten den elften Rang. Fresenius wurde nicht eingehender untersucht. Jedoch wird der Konzern aufgrund der generell verfügbaren Informationen in einem weiteren Ranking, welches die Form und Intensität der Berichterstattung von A bis E klassifiziert, der Kategorie D zugeordnet. Somit wird Fresenius die Publikation der „relevanten Informationen zu nichtfinanziellen Aspekten“ bescheinigt.[7] Die nichtfinanzielle Berichterstattung der drei Konzerne wurden jeweils von Wirtschaftsprüfungsgesellschaften mit begrenzter Sicherheit nach ISAE 3000 (Revised) geprüft. Dieser Anhaltspunkt hinsichtlich der Übereinstimmung des Berichts mit GRI-Standards in allen wesentlichen Belangen schließt dennoch qualitative Unterschiede und Instrumentalisierung nicht aus.[8] Das CSR-Reporting-Ranking des IÖW und future gibt unter anderem Glaubwürdigkeitswerte für Bayer und die BASF an. Bayer liegt mit fünf von zehn möglichen Punkten diesbezüglich im Mittelfeld. Der Bericht der BASF erhält 7,2 Punkte.[9]

[7] Vgl. Institut für ökologische Wirtschaftsforschung, future: CSR-Reporting in Deutschland 2021, Berlin, 2022, abrufbar unter https://www.ranking-nachhaltigkeitsberichte.de/fileadmin/ranking/user_upload/2021/Ranking_Nachhaltigkeitsberichte_2021_Ergebnisbericht_1.pdf (abgerufen am 20.03.2023), hier S. 46–49., (ganzer Absatz).

[8] Vgl. *Haffar, Merriam/Searcy, Cory*: Legitimizing Potential “Bad News”: How Companies Disclose on Their Tension Experiences in Their Sustainability Reports, in: Organization & Environment, 33. Jg. (2020), S. 534–553, hier 536–357; *Bebbington, Jan/Larrinaga, Carlos*: Accounting and sustainable development: An exploration, in: Accounting, Organizations and Society, 39. Jg. (2014), S. 395–413, hier S. 396.; *Barkemeyer, Ralf* et al.: CEO statements in sustainability reports: Substantive information or background noise?, in: Accounting Forum, 38. Jg. (2014), S. 241–257, hier S. 254.

[9] Vgl. Institut für ökologische Wirtschaftsforschung, future: CSR-Reporting in Deutschland 2021, Berlin, 2022, abrufbar unter https://www.ranking-nachhaltigkeitsberichte.de/fileadmin/ranking/user_upload/2021/Ranking_Nachhaltigkeitsberichte_2021_Ergebnisbericht_1.pdf (abgerufen am 20.03.2023), hier S. 33.

3.2.2 Gestaltung und Ablauf der Erhebung

Die Durchführung der qualitativen Inhaltsanalyse hatte zum Ziel, die Angaben der Unternehmen in Bezug auf Zielkonflikte beim Thema Nachhaltigkeit und auf NCG relevante Informationen zu untersuchen. Die Inhaltsanalyse, als eine Methode der empirischen Forschung, untersucht systematisch, theorie- und regelgeleitet fixierte Kommunikation, mit dem Ziel, Schlussfolgerungen über deren Inhalte zu erlangen.[10] Der qualitative Ansatz wurde gewählt, um erste richtungsgebende Hinweise über die Anwendbarkeit der NCG in Deutschland aus den heterogenen Nachhaltigkeitsberichten zu gewinnen.[11]

Das Kategoriensystem als „zentrale(s) Instrument der Analyse“[12] orientiert sich an Untersuchungen über die Nachhaltigkeitsberichterstattungspraxis von Unternehmen.[13] Es dient darüber hinaus aber auch spezifisch der Untersuchung der Umsetzbarkeit des Konzepts der NCG.[14] Da eine strukturierende qualitative Inhaltsanalyse durchgeführt werden sollte, wurden theoriegeleitet die Hauptkategorien „Berichterstattung über Zielkonflikte“ und „Informationsanforderungen der NCG“ gebildet (siehe Abbildung 3.1). Nach Art und Thema der Zielkonfliktkommunikation wurde die Hauptkategorie „Berichterstattung über Zielkonflikte“ deduktiv in weitere Kategorien unterteilt. Die unter der Hauptkategorie „Informationsanforderungen der NCG“ zusammengefassten Kategorien systematisieren die verschiedenen, im Rahmen der NCG benötigten, Unternehmensinformationen. Die so gebildeten Kategorien wurden zur Systematisierung der Analyse durch Definitionen und Beispiele konkretisiert (siehe Tabelle 3.1 und 3.2 sowie Anhang 3–8 im elektronischen Zusatzmaterial).

Die drei Nachhaltigkeitsberichte wurden nacheinander anhand der gebildeten Kategorien untersucht. Nach jedem Bericht wurde das Kategoriensystem und die entstandenen induktiven Kategorien evaluiert und gegebenenfalls aktualisiert. Induktive Kategorien wurden entwickelt, wenn das Material relevante

---

[10] Vgl. *Mayring, Philipp*: Qualitative Inhaltsanalyse: Grundlagen und Techniken, 12. Aufl., Weinheim, Basel 2015, hier S. 12–13.

[11] Vgl. *Mayring, Philipp*: Qualitative Inhaltsanalyse: Grundlagen und Techniken, 12. Aufl., Weinheim, Basel 2015, hier S. 19.

[12] Ebenda, hier S. 51.

[13] Vgl. *Haffar, Merriam/Searcy, Cory*: Legitimizing Potential “Bad News”: How Companies Disclose on Their Tension Experiences in Their Sustainability Reports, in: Organization & Environment, 33. Jg. (2020), S. 534–553.

[14] Vgl. *Hart, Oliver/Zingales, Luigi*: The New Corporate Governance, in: University of Chicago Business Law Review, 1. Jg. (2022), S. 195–216.

Aspekte oder Muster aufwies, die in der Theorie nicht erwähnt wurden.[15] Nach Abschluss der Analyse wurden die Fälle in den jeweiligen Kategorien erneut überprüft und bei erkennbaren Kommunikationsmustern durch die Zuordnung zu Unterkategorien weiter untergliedert.

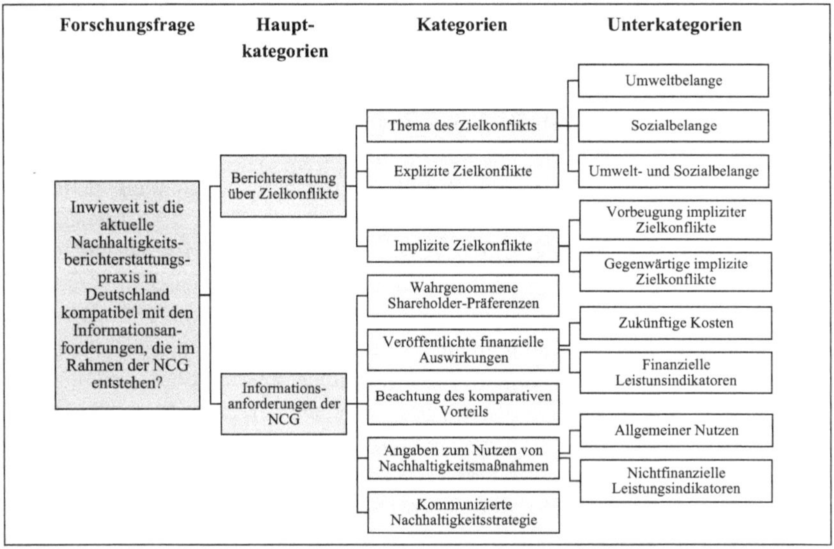

Abbildung 3.1 Kategoriensystem. (Quelle: Eigene Darstellung)

3.3 Ergebnisse

3.3.1 Berichterstattung zu Zielkonflikten in der deutschen Unternehmenspraxis

3.3.1.1 Explizite Zielkonflikte

Codiert wurden in dieser Kategorie Textpassagen, die entweder das Wort „Zielkonflikt" enthielten oder bei denen Unternehmen die Auswirkungen ihrer Geschäftstätigkeit konkret negativ bewerteten. Denn dadurch wird dem Leser

[15] Vgl. *Mayring, Philipp*: Qualitative Inhaltsanalyse: Grundlagen und Techniken, 12. Aufl., Weinheim, Basel 2015, hier S. 85.

einerseits deutlich aufgezeigt, dass Spannungen zwischen den drei Dimensionen der unternehmerischen Nachhaltigkeit bestehen, andererseits zeigen die Unternehmen, dass sie sich der Spannungen bewusst sind.

Zu Beginn wurde eine automatische Wortsuche mit Begriffen wie „Zielkonflikt", „Trade-Off" und „Konflikt" durchgeführt, um relevante Textpassagen aufzuspüren. Die Resultate waren in qualitativer Hinsicht wenig zielführend und in quantitativer Hinsicht schwach. Die Ergebnisse der manuellen Codierung dieser Kategorie passen zu bisherigen Forschungsergebnissen,[16] denn die Anzahl der explizit genannten Zielkonflikte fiel mit vierzehn gering aus (siehe Tabelle 3.1).

Am häufigsten griff die BASF das Thema auf ($n = 13$), sie nutzte dabei als einziges Unternehmen das Wort „Zielkonflikt" ($n = 4$). Bayer nannte hingegen keinen expliziten Zielkonflikt und Fresenius sprach das Thema nur einmal deutlich an. Generell wurden explizite Zielkonflikte meist auf allgemeine Art angesprochen. So spricht die BASF etwa von „[...] negative[n] Einflüsse unserer Produkte auf Sicherheit, Gesundheit und Umwelt [...]".[17] Die Hälfte der vierzehn Fälle bezog sich auf den Themenbereich Umweltbelange (siehe Anhang 2 im elektronischen Zusatzmaterial). Dieser beinhaltet umweltbezogene Thematiken, wie beispielsweise durch Unternehmen verursachte Emissionen in Wasser, Boden und Luft, Abfallproduktion oder Biodiversitätsverluste (siehe Anhang 3 im elektronischen Zusatzmaterial). Ein weiterer expliziter Zielkonflikt thematisierte Sozialbelange, die restlichen sechs Fälle behandelten gleichermaßen Umwelt- und Sozialbelange. Zum Bereich der Sozialbelange zählen Themen wie Menschenrechte, Arbeitnehmerförderung und -schutz und Corporate Citizenship. Letzteres umschreibt das gesellschaftliche Engagement eines Unternehmens, etwa in Form

---

[16] Vgl. *Haffar, Merriam/Searcy, Cory*: Legitimizing Potential "Bad News": How Companies Disclose on Their Tension Experiences in Their Sustainability Reports, in: Organization & Environment, 33. Jg. (2020), S. 534–553; *Herzig, Christian/Godemann, Jasmin*: Internet-supported sustainability reporting: developments in Germany, in: Management Research Review, 33. Jg. (2010), S. 1064–1082.

[17] BASF SE: BASF-Bericht 2021, 2022, abrufbar unter https://bericht.basf.com/2021/de/_assets/downloads/entire-basf-gb21.pdf (abgerufen am 14.12.2022), hier S. 123.

von Sach- und Geldspenden.[18] Die Ergebnisse deuten darauf hin, dass Zielkonflikte bei den drei deutschen Chemiekonzerne eher als „Bad News“[19] betrachtet werden, die nicht oder nur sehr allgemein angesprochen werden.

3.3.1.2 Implizite Zielkonflikte

In Anlehnung an Haffar und Searcy (2020) wurde die Kategorie der impliziten Zielkonflikte für die Codierung von indirekten Andeutungen über Zielkonflikte gebildet.[20] Sprachen die Chemiekonzerne etwa von Risiken, potenziellen negativen Auswirkungen auf Umwelt, Gesellschaft beziehungsweise Ertragskraft oder bewerteten sie ihre Einflüsse nicht negativ, obwohl die schädlichen Auswirkungen bekannt sind, wurden diese Textpassagen als impliziter Zielkonflikt codiert.

Tabelle 3.1 Elemente der Hauptkategorie „Berichterstattung über Zielkonflikte. (Quelle: Eigene Darstellung)

Kategorie	N =	Definition	Beispiele
Expliziter Zielkonflikt	14	Wortnennung: „Zielkonflikt“, Konkrete Auswirkung wird explizit als negativ eingeordnet	„Wir wollen unsere positiven Beiträge erhöhen, negative Auswirkungen minimieren und Zielkonflikte sorgfältig abwägen.“ (BASF, S. 25)
			„Der negative Beitrag ergibt sich unter anderem aus Auswirkungen auf die Umwelt, wie durch CO2-Ausstoß, die Landnutzung und Emissionen in Luft, Boden und Wasser sowie durch Ereignisse im Bereich Gesundheit und Sicherheit.“ (BASF, S. 47)
			„Der Unternehmensbereich Fresenius Kabi arbeitet kontinuierlich daran, sein Umweltmanagement zu verbessern und negative Auswirkungen auf die Umwelt zu reduzieren.“ (Fresenius, S. 203)

(Fortsetzung)

[18] Vgl. *Bernard-Rau, Brigitte/Schnerring, Guilhem*: Gabler Kompakt-Lexikon Corporate Social Responsibility, Wiesbaden 2022, hier S. 21.

[19] *Haffar, Merriam/Searcy, Cory*: Legitimizing Potential “Bad News”: How Companies Disclose on Their Tension Experiences in Their Sustainability Reports, in: Organization & Environment, 33. Jg. (2020), S. 534–553, hier S. 535.

[20] Vgl. ebenda, hier S. 537.

Tabelle 3.1 (Fortsetzung)

Kategorie	N =	Definition	Beispiele
Impliziter Zielkonflikt: **Vorbeugung impliziter Zielkonflikte**	48	Wortnennung: „Risiko", „verhindern", „vermeiden", Potenzielle zukünftige Auswirkung wird als negativ eingeordnet oder implizit als negativ umschrieben	„An einigen Standorten werden entsprechende Messmethoden und Prozesse umgesetzt, um mögliche negative Auswirkungen von mit Antibiotika-belastetem Abwasser noch effektiver zu vermeiden." (Fresenius, S. 207)
			„Mögliche Risiken und Schwachstellen sowie deren potenzielle Auswirkungen für die Sicherheit unserer Mitarbeitenden, die Umwelt oder unser Umfeld analysieren wir für alle Aktivitäten – von der Forschung über die Produktion bis hin zur Logistik." (BASF, S. 117)
			„Darüber hinaus werden seit 2021 potenzielle neue Lieferanten mit einem hohen inhärenten Nachhaltigkeitsrisiko und einem Einkaufsvolumen von über 250.000 € vorab auf Nachhaltigkeitsaspekte geprüft." (Bayer, S. 65)
Impliziter Zielkonflikt: **Gegenwärtige implizite Zielkonflikte**	112	Wortnennung: „verringern", Umschreibung bzw. Auslassung der Tatsache, dass die Geschäftstätigkeit oder einzelne Maßnahmen negative ökonomische, ökologische oder soziale Auswirkungen haben, Beschreibung des Umstands, dass die drei Dimensionen von Nachhaltigkeit in der Praxis schwer vereinbar sind	„Daher hat Bayer […] sich verpflichtet, die Umweltauswirkungen unserer Pflanzenschutzmittel zu verringern." (Bayer, S. 36)
			„Dazu trug, wie geplant, unter anderem der weltweite Abbau von mehr als 6.000 Stellen bis Ende 2021 bei." (BASF, S. 21)
			„Darüber hinaus verkaufen wir seit 2012 keine Pflanzenschutzmittel für die Anwendung im landwirtschaftlichen Bereich, die zur Gruppe der WHO Class 1a oder 1b gehören, auch wenn formal noch eine Zulassung besteht." (Bayer, S. 46)
			„Denn unsere Produktion ist energieintensiv, und wir wollen gleichzeitig weiterhin wachsen. Die Energietransformation wird uns viel abverlangen." (BASF, S. 8)

Aufgrund der mit 160 Codierungen groß ausfallenden Kategorie und erkennbarer weiterer Selektionsmerkmale wurden zusätzlich zwei Unterkategorien gebildet. Die Unterteilung von Zielkonflikten der Autoren Smith und Lewis (2011) in latente und hervorstechende wurde dabei leicht abgewandelt.[21] 48 Fälle wurden der Unterkategorie „Vorbeugung impliziter Zielkonflikte" zugeordnet. Diese Codierung umfasst Fälle bei denen Unternehmen andeuten, dass ihre Geschäftstätigkeit zu negativen Einflüssen in der Zukunft führen könnte und sie deshalb häufig bereits präventiv tätig wurden (siehe Tabelle 3.1). Oft wurden die Wörter „Risiko" oder „vermeiden" bei diesen Codierungen genannt. Die Fallzahlen waren in dieser Unterkategorie gleichmäßig über die Unternehmen verteilt.

Die zweite Unterkategorie „gegenwärtige implizite Zielkonflikte" beinhaltet 112 Andeutungen der Unternehmen, dass deren gegenwärtige Geschäftstätigkeit schlechten Einfluss auf Umwelt, Gesellschaft oder Ertragslage hat (siehe Tabelle 3.1). Fresenius wies mit 25 Codierungen die wenigsten Fälle auf, Bayer und die BASF lagen mit 46 bzw. 41 Codierungen fast gleichauf. Umweltbelange stellen weiterhin mehr als die Hälfte der Fälle dar. Sozialbelange werden nur in etwa einem Viertel der Fälle angesprochen (siehe Anhang 2 im elektronischen Zusatzmaterial). Zudem fiel auf, dass sowohl Bayer als auch die BASF bereits im Brief des Vorstandsvorsitzenden implizite Zielkonflikte ansprachen ($n = 3$). Dabei wurden zwar die Spannungen zwischen den Zielen angedeutet, jedoch auch die Fähigkeit des Unternehmens zu deren Bewältigung betont. So betont der Vorstandsvorsitzende der Bayer AG Werner Baumann: „Bei Bayer sind wir 2021 dynamisch gewachsen und haben gleichzeitig Emissionen reduziert."[22]

Im beiden Unterkategorien waren einige Zielkonflikte zwischen der ökonomischen und der ökologischen bzw. der sozialen Dimension nur mit entsprechendem Hintergrundwissen zu erkennen. So deutet die BASF nur an, dass sie sich bei der Beschaffung des problematischen Minerals Mica hohe Standards setzen.[23] Ebenso schwierig ist die wissenschaftlich korrekte Einordnung der Auswirkungen von Gentechnik und Glyphosat anhand der Informationen von Bayer. Insgesamt gesehen spiegelt die hohe Zahl der Codierungen in dieser Kategorie die Vermutungen

---

[21] Vgl. *Smith, Wendy K./Lewis, Marianne*: Toward A Theory of Paradox: A Dynamic Equilibrium Model of Organizing, in: Academy of Management Review, 36. Jg. (2011), S. 381–403, hier S. 390.

[22] Bayer AG: Nachhaltigkeitsbericht 2021, Leverkusen, 2022, abrufbar unter https://www.bayer.com/de/nachhaltigkeit/nachhaltigkeitsberichte (abgerufen am 14.12.2022), hier S. 3.

[23] Vgl. BASF SE: BASF-Bericht 2021, 2022, abrufbar unter https://bericht.basf.com/2021/de/_assets/downloads/entire-basf-gb21.pdf (abgerufen am 14.12.2022), hier S. 116.

der Wissenschaft wider, dass Zielkonflikte der Nachhaltigkeitsdimensionen eher der Realität entsprechen als deren Einklang.[24]

3.3.2 Informationsgehalt der Berichterstattung im Hinblick auf die Anforderungen der New Corporate Governance

3.3.2.1 Wahrgenommene Shareholder-Präferenzen

Die von Hart und Zingales (2017) propagierte Annahme, dass Aktionäre neben finanziellen Interessen auch soziale Präferenzen besitzen,[25] scheinen die drei untersuchten Chemiekonzerne nur bedingt wahrzunehmen. In der Kategorie „wahrgenommene Shareholder-Präferenzen" wurden sämtliche Informationen gesammelt, die Rückschlüsse auf das Bild der Konzerne über ihre Aktionäre zuließen (siehe Anhang 4 im elektronischen Zusatzmaterial). Mit insgesamt 19 Codierungen fielen die Ergebnisse recht gering aus und überdies wurden Shareholder-Präferenzen häufig mit Interessen der anderen Stakeholder des Unternehmens vermischt. Zudem wiesen die Ergebnisse eine gewisse Ambivalenz auf. So ist sich Bayer des steigenden „Interesse des Kapitalmarkts an Nachhaltigkeitsthemen"[26] bewusst. Gleichzeitig wird die Stärkung der Ertragskraft des Unternehmens und die Wertschaffung für Aktionäre betont.[27] Das Unternehmen macht nicht deutlich, wie die verschiedenen Interessen der Shareholder gewichtet werden und letztlich die Unternehmensstrategie beeinflussen. Auch die BASF deutet das Interesse der Shareholder am Thema Nachhaltigkeit an. Jedoch zeichnet das Unternehmen ein klassisches Bild der Präferenzen seiner Investoren. Im Einklang mit Friedmans Shareholder Value Maximization werden die Erwartungen der Investoren lediglich mit „attraktive Dividendenrendite" und „langfristig gute Aktienperformance" angegeben.[28] Fresenius wiederum richtet seine Bemühungen ganz am Shareholder Value aus.

---

[24] Vgl. *Hahn, Tobias* et al.: Trade-offs in corporate sustainability: you can't have your cake and eat it, in: Business Strategy and the Environment, 19. Jg. (2010), S. 217–229, hier S. 218.

[25] Vgl. *Hart, Oliver/Zingales, Luigi*: The New Corporate Governance, in: University of Chicago Business Law Review, 1. Jg. (2022), S. 195–216, hier S. 197.

[26] Bayer AG: Nachhaltigkeitsbericht 2021, Leverkusen, 2022, abrufbar unter https://www.bayer.com/de/nachhaltigkeit/nachhaltigkeitsberichte (abgerufen am 14.12.2022), hier S. 30.

[27] Vgl. ebenda, hier S. 18.

[28] Vgl. BASF SE: BASF-Bericht 2021, 2022, abrufbar unter https://bericht.basf.com/2021/de/_assets/downloads/entire-basf-gb21.pdf (abgerufen am 14.12.2022), hier S. 48.

Der Austausch mit den Investoren der Unternehmen scheint mehrheitlich in Form von Gesprächen stattzufinden. Zur Feststellung der wesentlichen Themen gemäß § 289c HGB beziehen Bayer, die BASF und Fresenius ihre verschiedenen Stakeholdergruppen mit ein. Die BASF setzt etwa neben Befragungen auch auf Big-Data-Analysen externer Veröffentlichungen und Gespräche mit externen Fachleuten ein, um relevante Themen der Stakeholder zu identifizieren.[29] Richtungsweisende Abstimmungen der Investoren, wie Hart und Zingales (2017) sie vorschlagen, wurden im Berichtsjahr nicht durchgeführt.

3.3.2.2 Veröffentlichte finanzielle Auswirkungen

Konkrete Angaben zu zukünftigen Ausgaben im Zusammenhang mit Nachhaltigkeit wurden in der Unterkategorie „zukünftige Kosten" gesammelt (siehe Anhang 5 im elektronischen Zusatzmaterial). Die Zahl der Codierungen fiel mit insgesamt acht niedrig aus, zudem war die Verteilung bei den Unternehmen heterogen. Während Fresenius keine Angaben zu zukünftigen Kosten machte, gab Bayer zwei Investitionsvorhaben im Bereich der nachhaltigen Entwicklung an. Die BASF bezog sich sechsmal auf zukünftige Kosten, wobei davon drei Fälle Wiederholungen bereits genannter Kosten darstellten. Auf diese Weise betont die BASF ausdrücklich, dass sie „rund 4 Milliarden € [...] investieren, um [...] Ziele zur Emissionsreduktion 2030 zu erreichen."[30]

Die zweite Unterkategorie im Bereich der finanziellen Auswirkungen bildeten „finanzielle Leistungsindikatoren". Darunter fielen monetäre Angaben zu Aufwendungen und Umsätzen im Zusammenhang mit Nachhaltigkeit im Wirtschaftsjahr 2021. Auffällig wenig Angaben in diesem Bereich veröffentlichte Fresenius. Genannt wurden die EU-taxonomiefähigen Umsatz- und Capex-Anteile und eine Spende. Bei Bayer wurden neun Angaben im Bereich „finanzielle Leistungsindikatoren" codiert. So bezifferte das Unternehmen den Gesamtbetrag der getätigten Geld- und Produktspenden im Jahr 2021 mit 59 Millionen Euro und gab einige konkrete Spendenbeispiele an.

[29] Vgl. ebenda, hier S. 46.

[30] Ebenda, hier S. 9.

Die BASF veröffentlichte in der Unterkategorie „finanzielle Leistungsindikatoren" deutlich mehr Informationen und stellte dabei auch Zusammenhänge zu den SDG her. Insgesamt konnten 21 Fälle codiert werden. Neben Angaben zu den Gesamtkosten für gesellschaftliches Engagement seit 2020 in Höhe von 30 Millionen Euro und einzelnen Spendenbeispielen, wurden konkret Betriebskosten, Investitionen und Rückstellungen der BASF-Gruppe für Umweltschutz im Jahr 2021 offengelegt.[31] Zudem veröffentlichte die BASF eine Klassifizierung des Produktportfolios im Hinblick auf dessen Nachhaltigkeitsbeitrag. Für jede der Produktkategorien wurde der Umsatz im Berichtsjahr sowie im Vorjahr angeben.[32]

Insgesamt betrachtet unterscheidet sich das Berichtsverhalten der Unternehmen in Hinblick auf die finanziellen Auswirkungen deutlich. Sowohl Bayer als auch die BASF publizieren einige Informationen im Bereich der Corporate Citizenship. Neben vereinzelten Aussagen zu zukünftigen oder bereits getätigten nachhaltigen Großinvestitionen werden kaum konkrete Beträge zu kleineren Nachhaltigkeitsmaßnahmen veröffentlicht. Somit lassen die beiden Chemiekonzerne nur das Gesamtbild der Nachhaltigkeitsinvestitionspolitik erkennen. Mangels ausführlicher Daten muss bei Fresenius von einer zurückhaltenden Investitionspolitik ausgegangen werden.

3.3.2.3 Angaben zum Nutzen von Nachhaltigkeitsmaßnahmen

Um den Informationsanforderungen der NCG gerecht zu werden und die Investoren zu informieren, müssen Unternehmen über den gegenwärtigen und potenziellen Nutzen der unternehmerischen Nachhaltigkeit berichten. Diese Aspekte wurden in der Kategorie „Angaben zum Nutzen von Nachhaltigkeitsmaßnahmen" erfasst. Die Unterkategorie „allgemeiner Nutzen" sammelte dazu allgemeine oder zukunftsbezogene Unternehmensangaben zum Nutzen der Nachhaltigkeitsbestrebungen. In der Unterkategorie „nichtfinanzielle Leitungsindikatoren" wurden konkret quantifizierte Informationen zu Verbesserungen im Bereich der Nachhaltigkeit gesammelt (Definitionen siehe Tabelle 3.2).

---

[31] Vgl. BASF SE: BASF-Bericht 2021, 2022, abrufbar unter https://bericht.basf.com/2021/de/_assets/downloads/entire-basf-gb21.pdf (abgerufen am 14.12.2022), hier S. 107, 118.

[32] Vgl. ebenda, hier S. 141.

Tabelle 3.2 Elemente der Kategorie „Angaben zum Nutzen von Nachhaltigkeitsmaßnahmen“. (Quelle: Eigene Darstellung)

Kategorie	N =	Definition	Beispiele
Allgemeiner Nutzen	39	Allgemeine oder zukunftsbezogene Angaben zum Nutzen der Nachhaltigkeitsbestrebungen (z. B. Einsparungen, Emissionsreduktion, Lebensräume erhalten, Mitarbeiter besser schützen etc.)	„Wir arbeiten daran, die Transparenz unserer Lieferketten zu erhöhen. Damit einhergehende Kenntnisse helfen uns, eine sichere Versorgung zu gewährleisten und gleichzeitig menschenrechtliche Risiken in der Beschaffung wichtiger Rohstoffe und Materialien zu reduzieren […]“ (Fresenius, S. 194)
			„Wachstum und Klimaschutz gehen dabei Hand in Hand: Unsere Materialien unterstützen nicht nur den dynamischen Markthochlauf, sondern ermöglichen auch durch ihren niedrigen CO2-Fußabdruck den Weg in die klimaneutrale Mobilität.“ (BASF, S. 10)
			„Dadurch werden nicht nur wertvolle Energieressourcen geschont, sondern auch ökonomische Faktoren berücksichtigt, die langfristige Einsparungen mit sich bringen.“ (Bayer, S. 92)
Nichtfinanzielle Leistungsindikatoren	299	Konkrete Angaben des Umfangs von Nachhaltigkeitsmaßnahmen (z. B. Anteil hinsichtlich Nachhaltigkeit bewerteten Einkaufsvolumens), Konkret quantifizierte Informationen zu Verbesserungen in einer der drei Dimensionen von Nachhaltigkeit (z. B. Werte der reduzierten Emissionen, Steigerung des Umsatzes bei nachhaltigen Produkten), Externe Auszeichnungen für Nachhaltigkeitsmanagement	„2021 waren über 70 % der relevanten strategischen Lieferanten anhand von ESG-Kriterien bewertet worden.“ (Fresenius, S. 98)
			„So erhöht er kontinuierlich die Eigenerzeugungsquote durch Blockheizkraftwerke. Im Jahr 2021 wurden bei Helios Deutschland neun neue Blockheizkraftwerke installiert.“ (Fresenius, S. 203)
			„[…] Reduzierung unserer eigenen Emissionen im Bereich Scope 1 und Scope 2 um 11,5 % oder rund 410.000 Tonnen […]“ (Bayer, S. 90)
			„Im Jahr 2021 erreichte BASF auf der Klima-Liste von CDP erneut die Note A- und damit den Leadership-Status. In dem von CDP für 2021 zugrunde gelegten Bewertungsrahmen gehörte BASF zum obersten Drittel der teilnehmenden Chemieunternehmen.“ (BASF, S. 14)

Die Angaben in der Unterkategorie „allgemeiner Nutzen“ folgten auf den ersten Blick einem homogenen Narrativ, orientierten sich an den drei Bereichen der nichtfinanziellen Performance im Sinne der OECD, enthielten aber keine bezifferten Informationen. Die drei Chemiekonzerne gaben an, beispielsweise weniger Energie, Wasser oder Rohstoffe zu benötigen, nachhaltige Lieferanten zu bevorzugen und weniger Emissionen freizusetzen. Die Informationstiefe war jedoch heterogen. Bayer und Fresenius veröffentlichten mit jeweils sechs Fällen wenig und nur allgemeine Angaben zu Nutzen ihrer Nachhaltigkeitsmaßnahmen. So gab Bayer beispielsweise an „mit unserem Handeln und unseren Produkten tragen wir dazu bei, die Landwirtschaft und den Zugang zu Ernährung und Gesundheit und dadurch das Leben der Menschen nachhaltig zu verbessern.“[33] Die Angaben der BASF waren mit 26 Codierungen deutlich ausführlicher. Neben allgemeinen Nennungen des Nutzens wurden anhand von Einzelfällen konkretere Angaben gemacht. So ermöglicht das „Waste-2-Chemicals-Projekt“ der BASF beispielsweise „[...] lokalen Sammlern sowie ihren Familien [...] zukünftig ein geregeltes Einkommen.“[34] Darüber hinaus weist die BASF als einziges Unternehmen explizit auch auf den ökonomischen Nutzen von Nachhaltigkeit hin, wenn es heißt „wir erwarten, dass die Nachfrage mittelfristig das Angebot für solche emissionsfreien oder emissionsreduzierten Produkte übersteigt und deren Marktwert die höheren Herstellkosten mehr als kompensieren wird.“[35]

Mit 299 Codierungen in der Kategorie „nichtfinanzielle Leistungsindikatoren“ wurde deutlich, dass viele quantifizierte Informationen im Bereich der unternehmerischen Nachhaltigkeit publiziert wurden. Die Anzahl der Fälle war bei der BASF am höchsten (n = 112), Bayer (n = 96) und Fresenius (n = 86) lagen fast gleichauf. Die Unternehmen veröffentlichten konkrete Werte zu Ressourcenverbrauch, Nachhaltigkeitszertifizierungen von Standorten bspw. nach ISO-Normen, Schulungen von Mitarbeitern im Bereich Nachhaltigkeit sowie Arbeitsschutz, Audits und Lieferantenmanagement unter dem Gesichtspunkt der Nachhaltigkeit. Insgesamt betrachtet sprechen die drei Konzerne einige der von der OECD vorgeschlagenen Indikatoren zur Messung der nichtfinanziellen Performance an. Gerade in den Bereichen Umweltemissionen, Ressourcenverbrauch und Geschlechterparität nennen die Unternehmen viele Werte. In den beiden erstgenannten Bereichen ist die Einordnung der Angaben ohne Fachwissen jedoch

---

[33] ebenda.

[34] BASF SE: BASF-Bericht 2021, 2022, abrufbar unter https://bericht.basf.com/2021/de/_assets/downloads/entire-basf-gb21.pdf (abgerufen am 14.12.2022), hier S. 107.

[35] BASF SE: BASF-Bericht 2021, 2022, abrufbar unter https://bericht.basf.com/2021/de/_assets/downloads/entire-basf-gb21.pdf (abgerufen am 14.12.2022), hier S. 9.

schwierig. Die Übersetzung dieser Werte in Geldbeträge liegt, anders als in den Beispielen von Hart und Zingales (2022), nicht vor. Die BASF nutzt im Vergleich zu den beiden anderen Unternehmen mehr Grafiken und stellt die Entwicklung der Werte mittels Zahlen der Vorjahre dar. Darüber hinaus geben die BASF und Bayer noch Auskünfte zu Auszeichnungen und Positionen in Nachhaltigkeitsrankings, wie etwa dem Carbon Disclosure Project (CDP).

Auch negative Entwicklungen im Bereich Nachhaltigkeit wurden in dieser Kategorie codiert. Erhöhungen bei Abfallmengen, Emissionen, Arbeitsunfällen und Energiebedarf wurden von allen Unternehmen offengelegt, jedoch begründeten nur Bayer und Fresenius die Veränderungen. Insgesamt wiesen nur fünf Fälle Geldbeträge aus. Diese gaben etwa den Wert der Einkäufe bei geprüften Lieferanten oder den Wert von lokal beschafften Rohstoffe, Güter oder Dienstleistungen an. Dennoch gab keiner der Beträge den dadurch entstandenen Nutzen für Gesellschaft oder Umwelt im ursprünglichen Sinn der NCG an.

3.3.2.4 Beachtung des komparativen Vorteils

Ausführungen zur Leistungsfähigkeit durch Marktmacht sowie Hinweise zu einem engen Zusammenhang von Geschäftstätigkeit und Nutzenstiftung in puncto Nachhaltigkeit wurden in der Kategorie „Beachtung des komparativen Vorteils" erfasst (siehe Anhang 6 im elektronischen Zusatzmaterial). Die BASF hatte mit acht Codierung den größten Anteil an den insgesamt vierzehn Codierungen der Kategorie. Bayer und Fresenius wiesen nur in vier bzw. zwei Fällen auf vorhandene komparative Vorteile hin.

Sowohl die BASF als auch Bayer verdeutlichten, dass sie als „größtes Chemieunternehmen der Welt"[36] bzw. als „weltweit führendes Unternehmen im Bereich Gesundheit und Ernährung"[37] Möglichkeiten zu positiven Einflüssen auf Gesellschaft und Umwelt haben können. Der Verweis auf ihre Marktmacht stellt somit einen Hinweis auf den vorhandenen komparativen Vorteil dar.[38]

Zudem wiesen die drei Unternehmen auf ihre Innovations- und Investitionskraft beim Thema unternehmerische Nachhaltigkeit hin und zeigten, dass sie an einzigartigen nachhaltigen Produktionstechniken[39] arbeiten. Zwei Äußerungen

---

[36] BASF SE: BASF-Bericht 2021, 2022, abrufbar unter https://bericht.basf.com/2021/de/_assets/downloads/entire-basf-gb21.pdf (abgerufen am 14.12.2022), hier S. 8.

[37] Bayer AG: Nachhaltigkeitsbericht 2021, Leverkusen, 2022, abrufbar unter https://www.bayer.com/de/nachhaltigkeit/nachhaltigkeitsberichte (abgerufen am 14.12.2022), hier S. 5.

[38] Vgl. *Hart, Oliver/Zingales, Luigi*: The New Corporate Governance, in: University of Chicago Business Law Review, 1. Jg. (2022), S. 195–216, hier S. 210–212.

[39] Vgl. *Hart, Oliver/Zingales, Luigi*: The New Corporate Governance, in: University of Chicago Business Law Review, 1. Jg. (2022), S. 195–216, hier S. 210–212.

der BASF und Bayer zeigen, dass sie sich ihres komparativen Vorteils bewusst sind und diesen bereits forciert verfolgen. So gibt die BASF bekannt: „Wir konzentrieren uns dabei auf die Themen, zu denen wir als Unternehmen wesentlich beitragen können, wie etwa Maßnahmen für den Klimaschutz, nachhaltigen Konsum und nachhaltige Produktion sowie die Bekämpfung von Hunger.“[40] Somit kann davon ausgegangen werden, dass die Unternehmen ihr Handel bereits besonders auf Bereiche fokussieren, in denen sie einen Vorteil gegenüber anderen haben.

3.3.2.5 Bekenntnisse zu Nachhaltigkeit

Die Bekenntnisse der Unternehmen zu den drei Säulen der Corporate Sustainability wurden in der Kategorie „kommunizierte Nachhaltigkeitsvision“ codiert (n = 137) (siehe Anhang 7 im elektronischen Zusatzmaterial). Insgesamt betrachtet, ähneln sich die Bekenntnisse der Unternehmen zu internationalen Menschenrechtstandards und Umweltschutz (siehe Anhang 9 im elektronischen Zusatzmaterial). Jedoch setzen die Unternehmen unterschiedliche Schwerpunkte.

Bei Fresenius steht, entsprechend dem Unternehmenszweck, „Immer bessere Medizin für immer mehr Menschen”,[41] besonders die gesellschaftliche Komponente im Zentrum der kommunizierten Nachhaltigkeitsvision. Die BASF stellt Nachhaltigkeit als „integrale(n) Bestandteil unseres Unternehmenszwecks und unserer Strategie“[42] dar. Dabei wurde, im Sinn des Unternehmenszwecks „We create chemistry for a sustainable future“,[43] immer wieder explizit betont, wie wichtig der Einklang von ökonomischem Erfolg, Umweltschutz und gesellschaftlicher Verantwortung für das Unternehmen ist.[44] Bayer betrachtet „Nachhaltigkeit nicht als zusätzliche Aktivität, sondern als Kernbestandteil unserer strategischen und normativen Ausrichtung.“[45] Im Zusammenhang mit der Ausrichtung wurde immer wieder auf den Unternehmenszweck „Science for a Better Life“ und die Unternehmensvision „Health for all, hunger for none“ hingewiesen.[46] Die

[40] BASF SE: BASF-Bericht 2021, 2022, abrufbar unter https://bericht.basf.com/2021/de/_assets/downloads/entire-basf-gb21.pdf (abgerufen am 14.12.2022), hier S. 36.

[41] Fresenius SE &Co. KGaA: Geschäftsbericht, Bad Homburg, 2022, abrufbar unter https://www.fresenius.de/finanzberichte-und-praesentationen. (abgerufen am 14.12.2022), hier S. 6.

[42] BASF SE: BASF-Bericht 2021, 2022, abrufbar unter https://bericht.basf.com/2021/de/_assets/downloads/entire-basf-gb21.pdf (abgerufen am 14.12.2022), hier S. 5.

[43] Vgl. ebenda, hier S. 8.

[44] Ebenda, hier S. 20.

[45] Bayer AG: Nachhaltigkeitsbericht 2021, Leverkusen, 2022, abrufbar unter https://www.bayer.com/de/nachhaltigkeit/nachhaltigkeitsberichte (abgerufen am 14.12.2022), hier S. 3.

[46] Ebenda, hier S. 20.

Nachhaltigkeitsvision wurde im Hinblick auf die soziale und ökologische Dimension weiter ausgeführt. Überlegungen zur ökonomischen Dimension und dem Zusammenhang der drei Dimensionen wurden von Bayer nicht kommuniziert. Im Kontext der Nachhaltigkeitsvision betonten Bayer und BASF die soziale und ökologische Nachhaltigkeitsdimension explizit, indem sie dem Schutz der Umwelt, des Klimas, der Mitarbeiter und der Kunden die höchste Priorität einräumten. Für Fresenius steht das Wohl der Patienten an erster Stelle.

3.3.2.6 Kommunizierte Nachhaltigkeitsstrategie

Anhand der im Nachhaltigkeitsbericht beschriebenen Nachhaltigkeitsstrategie kann ohne die Untersuchung weiterer, insbesondere externer, Quellen nicht auf die tatsächlich praktizierte Strategie geschlossen werden.[47] Dennoch ist die „grundsätzliche langfristige Verhaltensweise“[48] der Unternehmen im Hinblick auf Nachhaltigkeit für die Adressaten des Berichts wichtig. Daher wurde das strategische Vorgehen bei der Integration von Nachhaltigkeit in die Geschäftstätigkeit in der Kategorie „kommunizierte Nachhaltigkeitsstrategie“ erfasst (siehe Anhang 8 im elektronischen Zusatzmaterial).[49]

Auch in dieser Kategorie ähnelte sich die Kommunikation der Unternehmen, wies aber bei genauerer Analyse quantitative und qualitative Unterschiede auf. Die Nachhaltigkeitsstrategien der drei Unternehmen waren beispielsweise die Energieeffizienzmaßnahmen zu forcieren, Lieferanten hinsichtlich Nachhaltigkeitskriterien auszuwählen, zu schulen und zu auditieren, Investitionen immer auch unter Nachhaltigkeitsaspekten zu prüfen oder Ressourcen sparsamer einzusetzen. Die Chemiekonzerne gaben zudem an, ihre Strategien unter anderem an den SDG der UN, dem UN GC, den gesetzlichen Vorschriften für den Umwelt-, Arbeits- und Gesundheitsschutz sowie der Einhaltung der Menschenrechte auszurichten.

Fresenius mit insgesamt 85 Codierung stellte immer wieder klar, dass ihre Strategie auf die Verbesserung des Zugangs aller Menschen zu Medikamenten ausgerichtet ist. Die BASF förderte strategisch die Entwicklung nachhaltiger Lösungen, Nachhaltigkeit über die gesamte Wertschöpfungskette und den Erhalt

[47] Vgl. *Jarolimek, Stefan/Raupp, Juliana*: Zur Inhaltsanalyse von CSR-Kommunikation, in: Handbuch Corporate Social Responsibility – Kommunikationswissenschaftliche Grundlagen, disziplinäre Zugänge und methodische Herausforderungen, hrsg. v. J. Raupp, S. Jarolimek und F. Schultz, Wiesbaden 2011, S. 499–516, hier S. 504–505.

[48] *Piekenbrock, Dirk/Mosena, Riccardo G./Hasenbalg, Claudia*: Gabler Kompakt-Lexikon Wirtschaft, 11 Aufl., Wiesbaden 2013, hier S. 419.

[49] ebenda.

von Biodiversität. Mit 208 Codierungen berichtet die BASF erneut am ausführlichsten. Neben der allgemeinen strategischen Ausrichtung gab das Unternehmen zu einigen Punkten konkretisierende Strategien bekannt. Die strategische Umstellung auf erneuerbare Energien wird durch die „Make & Buy"-Strategie im Rahmen der Erzeugung von Grünstrom konkretisiert.[50] Zur Reduktion von Treibhausgasemissionen hat das Unternehmen das „Carbon-Management-Programm" aufgestellt und im Bericht anhand von fünf strategischen Hebeln verdeutlicht.[51] Auch Bayer setzt auf die strategische Förderung von Nachhaltigkeit entlang der Wertschöpfungskette und bei der Produktentwicklung. Der Kern der Nachhaltigkeitsstrategie wurde anhand eines Schaubildes illustriert und in Zusammenhang mit den SDG gebracht.[52] Bayer gibt an 116 Stellen Einblick in seine Nachhaltigkeitsstrategie.

Die drei Unternehmen stellen den strategischen Umgang mit Zielkonflikten häufig mittels allgemeiner Tätigkeitsbeschreibungen, wie „untersuchen", „verhindern", „vermeiden", „überwachen" oder „analysieren", dar. Zudem kommunizieren die Unternehmen meist nicht konkret, was die tatsächliche Strategie im Umgang mit Zielkonflikten ist. Vielfach wird von „Maßnahmen ergreifen", „Gespräche führen" oder „unterstützen" gesprochen. Im Hinblick auf den angestrebten Grad der Behebung von Nachhaltigkeitsrisiken weisen die Strategien meist nur mit pauschalen Formulierungen, wie etwa „reduzieren", „abmildern", „effektiver nutzen" oder „verbessern" hin. Bei der näheren Betrachtung der Strategien im Umgang mit Zielkonflikten zeigen sich Diskrepanzen zu den kommunizierten Nachhaltigkeitsvisionen, welche der ökologischen bzw. sozialen Dimension hohe Priorität zusprechen.

Wenn Unternehmen im Zusammenhang mit Zielkonflikten eine Abmilderungsstrategie kommunizieren oder diesbezüglich pauschale und schwer nachprüfbare Strategien angeben, deutet dies darauf hin, dass der ökonomischen Dimension Vorrang gewährt wird.

In drei Arten von Fällen wurden allerdings finanzielle Interessen strategisch den ökologischen oder sozialen Belangen untergeordnet. So meldet Bayer keine

---

[50] Vgl. BASF SE: BASF-Bericht 2021, 2022, abrufbar unter https://bericht.basf.com/2021/de/_assets/downloads/entire-basf-gb21.pdf (abgerufen am 14.12.2022), hier S. 129.

[51] Vgl. ebenda, hier S. 126–128.

[52] Vgl. Bayer AG: Nachhaltigkeitsbericht 2021, Leverkusen, 2022, abrufbar unter https://www.bayer.com/de/nachhaltigkeit/nachhaltigkeitsberichte (abgerufen am 14.12.2022), hier S. 6.

Patente in Low Income Countries an.[53] Zudem vertreiben sowohl Bayer als auch die BASF freiwillig eine bestimmte Art stark toxischer Substanzen nicht mehr.[54] Beide Unternehmen beenden zudem Beziehungen zu Lieferanten die wiederholt bei Nachhaltigkeitsaudits negativ auffallen und sich nicht verbessern.[55]

3.3.2.7 Weitere Beobachtungen

Hinsichtlich der formalen Darstellung sollten die übersichtlichen Grafiken in den Nachhaltigkeitsberichten von Bayer und der BASF erwähnt werden. Insbesondere eine Grafik der BASF fällt im Zusammenhang mit dem Konzept der NCG auf. Diese Grafik zur Vorgehensweise bei der Bestimmung der wesentlichen Themen wurde anhand der Bereiche „Auswirkungen durch die BASF", „Auswirkungen auf die BASF" und „Relevanz für unsere Stakeholder" gegliedert.[56] Dies erinnert stark an die drei Kernelemente der Shareholder-Maximization-Formel und deutet darauf hin, dass zumindest bei der Analyse der relevanten Themengebiete ähnliche Grundüberlegungen wie bei der NCG stattfinden. Die Gewichtung der drei Gliederungspunkte untereinander wird jedoch nicht angegeben.

Haffar und Searcy (2020) betonen die Notwendigkeit, dass Nachhaltigkeitsberichte sowohl Ergebnisse als auch den Entscheidungsprozess, insbesondere bei spannungsgeladenen Entscheidungen, enthalten sollten, um so das angestrebte Niveau der Verantwortlichkeit und stichhaltige Berichte zu erreichen.[57] Denn so würde die Priorisierung der Unternehmen bei Entscheidungen zwischen konkurrierenden Nachhaltigkeitszielen aufgezeigt.[58] Da beim Codieren auffiel, dass die Unternehmen sehr viele Ziele im Nachhaltigkeitskontext kommunizierten, wurde die Kategorie „Ziele" gebildet. (n = 285). Bayer und BASF nannten mit jeweils

---

[53] Vgl. Bayer AG: Nachhaltigkeitsbericht 2021, Leverkusen, 2022, abrufbar unter https://www.bayer.com/de/nachhaltigkeit/nachhaltigkeitsberichte (abgerufen am 14.12.2022), hier S. 63.

[54] Vgl. BASF SE: BASF-Bericht 2021, 2022, abrufbar unter https://bericht.basf.com/2021/de/_assets/downloads/entire-basf-gb21.pdf (abgerufen am 14.12.2022), hier S. 124.

[55] Vgl. Bayer AG: Nachhaltigkeitsbericht 2021, Leverkusen, 2022, abrufbar unter https://www.bayer.com/de/nachhaltigkeit/nachhaltigkeitsberichte (abgerufen am 14.12.2022), hier S. 72.

[56] Vgl. BASF SE: BASF-Bericht 2021, 2022, abrufbar unter https://bericht.basf.com/2021/de/_assets/downloads/entire-basf-gb21.pdf (abgerufen am 14.12.2022), hier S. 46.

[57] Vgl. *Haffar, Merriam/Searcy, Cory*: Legitimizing Potential "Bad News": How Companies Disclose on Their Tension Experiences in Their Sustainability Reports, in: Organization & Environment, 33. Jg. (2020), S. 534–553, hier S. 535–538.

[58] Vgl. *Haffar, Merriam/Searcy, Cory*: Legitimizing Potential "Bad News": How Companies Disclose on Their Tension Experiences in Their Sustainability Reports, in: Organization & Environment, 33. Jg. (2020), S. 534–553, hier S. 538.

mehr als 100 Zielen auf den ersten Blick deutlich mehr Ziele als Fresenius (n = 68). Da die mehrfache Nennung der kommunizierten Ziele auffällig war, wurden diese aussortiert. Somit ändert sich das Verhältnis, sodass die drei Unternehmen jeweils etwa 65 Ziele kommunizieren (n = 204). Die Ziele unterschieden sich hinsichtlich der Konkretisierung und des Zeithorizonts. So wurden allgemeinen Zielen genannt, wie bspw. „das Ziel des Unternehmensbereichs ist es, allen arbeitsbedingten Unfällen vorzubeugen und die Sicherheit am Arbeitsplatz zu verbessern."[59] Ziele wurden aber auch zeitlich und quantitativ konkretisiert. So gibt etwa die BASF an: „Wir wollen unsere absoluten CO2-Emissionen bis 2030 um 25 % senken."[60] Weitere Untersuchungen der kommunizierten Ziele sowie deren konkreter Umsetzung könnten Erkenntnisse über die Glaubhaftigkeit der Berichterstattung liefern. Aufgrund dessen wurden auch allgemeine und konkrete Maßnahmen der Unternehmen im Kontext der unternehmerischen Nachhaltigkeit codiert. Die Größe der Kategorien mit 1004 Codierungen bei allgemeinen und 521 bei konkreten Maßnahmen zeigte allerdings, dass eine Auswertung aufgrund der Heterogenität der Ergebnisse nicht zielführend wäre.

Die Codierung „Verweise auf weitere Dokumente" erfasste Hinweise auf die Webseiten der drei Konzerne, die weitere Informationen zum Thema Nachhaltigkeit bereitstellen. So wurde beispielsweise auf Verhaltenskodizes, Stellungnahmen zu bestimmten Themen oder nähere Informationen zu Messmethoden hingewiesen. Die insgesamt 91 Codierungen machen deutlich, dass Unternehmen neben der nichtfinanziellen Berichterstattung noch viele weitere Formate nutzen, um ihre Nachhaltigkeitsperformance darzustellen. Aus forschungsökonomischen Gründen wurde der Verweis auf das Vorhandensein der Dokumente zwar codiert, jedoch konnten diese nicht in die Untersuchung einbezogen werden.

---

[59] Fresenius SE &Co. KGaA: Geschäftsbericht, Bad Homburg, 2022, abrufbar unter https://www.fresenius.de/finanzberichte-und-praesentationen. (abgerufen am 14.12.2022), hier S. 172.

[60] BASF SE: BASF-Bericht 2021, 2022, abrufbar unter https://bericht.basf.com/2021/de/_assets/downloads/entire-basf-gb21.pdf (abgerufen am 14.12.2022), hier S. 36.

3.4 Diskussion

3.4.1 Schlussfolgerungen

Die Untersuchung der drei Nachhaltigkeitsberichte hinsichtlich der Angabe von NCG relevanten Informationen offenbarte eine recht deutliche Rangfolge. Die BASF sprach in ihrem integrierten Bericht explizit Zielkonflikte an, veröffentlichte im Verhältnis mehr Kostenangaben als die beiden anderen Unternehmen und vermittelte auch durch Schaubilder ein selbstreflektiertes Bild im Umgang mit dem Thema Nachhaltigkeit. Dies müsste jedoch durch die Einbeziehung externer Quellen validiert werden. Bayer gewährte in seinem separaten Nachhaltigkeitsbericht viele Einblicke in den Umgang mit Nachhaltigkeit. Jedoch offenbarten fehlende Kostenabgaben und eine Vielzahl an impliziten Zielkonflikten die Unausgewogenheit der Berichterstattung. Der integrierte nichtfinanzielle Bericht von Fresenius wies neben einer unübersichtlichen Struktur im Vergleich zu den beiden anderen Berichten nur wenig Informationen zur Corporate Sustainability auf. Er scheint vielmehr auf die Erfüllung der gesetzlichen Anforderungen ausgerichtet zu sein, was sich etwa in der häufigen Bezugnahme auf das HGB zeigt. Die Ergebnisse der Untersuchung stimmen insofern mit dem IÖW-Ranking der Nachhaltigkeitsberichte des Jahres 2021 überein.[61]

Die Untersuchung der Nachhaltigkeitsberichte der drei deutschen Chemiekonzerne zeigt, dass die Berichte nur bedingt ein umfassendes Bild des Zusammenspiels der ökonomischen, ökologischen und sozialen Nachhaltigkeitsdimensionen zeichnen. Wie in früheren Untersuchungen bereits gezeigt wurde,[62] vermieden die untersuchten Unternehmen die explizite Berichterstattung über Zielkonflikte. Implizite Zielkonflikte waren deutlich häufiger erkennbar. Jedoch erforderte die Darstellungsweise der Unternehmen dabei ein gewisses Maß an Aufmerksamkeit und Hintergrundwissen seitens des Rezipienten. So wiesen einige Formulierungen nur zurückhaltend auf Spannungen zwischen den Nachhaltigkeitsdimensionen hin, andere wiederrum erschlossen sich nur im Zusammenhang mit Fachwissen

---

[61] Vgl. Institut für ökologische Wirtschaftsforschung, future: CSR-Reporting in Deutschland 2021, Berlin, 2022, abrufbar unter https://www.ranking-nachhaltigkeitsberichte.de/fileadmin/ranking/user_upload/2021/Ranking_Nachhaltigkeitsberichte_2021_Ergebnisbericht_1.pdf (abgerufen am 20.03.2023), hier S. 46–48.

[62] Vgl. *Herzig, Christian/Godemann, Jasmin*: Internet-supported sustainability reporting: developments in Germany, in: Management Research Review, 33. Jg. (2010), S. 1064–1082; *Haffar, Merriam/Searcy, Cory*: Legitimizing Potential "Bad News": How Companies Disclose on Their Tension Experiences in Their Sustainability Reports, in: Organization & Environment, 33. Jg. (2020), S. 534–553.

oder bei Kenntnis der öffentlichen Debatte. Beispiele dafür wären unter anderem die Verwendung des Minerals Mica[63] bei der BASF und das Thema Glyphosat bei Bayer. Änderungen der Berichterstattungspraxis könnten sich durch die in der CSRD verankerte Aufforderung, konkret über wesentliche tatsächliche und potenzielle negative Auswirkungen zu berichten, ergeben.[64]

Die Annahme des NCG-Konzepts von Hart und Zingales (2017, 2022), dass Shareholder auch soziale Präferenzen besitzen, spiegelte sich in den Berichten von Bayer und der BASF wider. Jedoch schienen die Unternehmen nicht die Aktionärswohlfahrt zu maximieren. Das in den Nachhaltigkeitsberichten vermittelte Bild deutet eher auf die klassische Shareholder-Value-Maximierung hin. Die Gründe der Chemiekonzerne für dieses Vorgehen können aufgrund der vorliegenden Daten nur vermutet werden. Beim Fresenius Konzern könnte eine Begründung in dem Teil des Unternehmens liegen, der kritische medizinische Infrastruktur bereitstellt, Versorgungssicherheit sowie strenge Hygienestandards gewährleisten muss und für den beispielsweise auch Sonderregelungen hinsichtlich der EU-Taxonomie gelten.[65]

Hinsichtlich der zwei anderen relevanten Variablen des NCG-Konzepts, finanzielle Auswirkungen und externe Effekte, geben die Nachhaltigkeitsberichte ebenfalls nur bedingt Auskunft. Die Kosten der Nachhaltigkeitsbestrebungen werden von den Unternehmen kaum und meist nur in allgemeiner Form angegeben. Die Informationen zum Nutzen der Unternehmensmaßnahmen im Hinblick auf nachhaltige Entwicklung fallen deutlich differenzierter aus. Die Untersuchungsergebnisse deuten jedoch auch auf eine gezielte Auswahl der Berichtsinhalte hin und können den häufig aufgebrachten generellen Verdacht der Instrumentalisierung des Berichts nicht entkräften. Um ein verlässliches und umfassendes Bild der unternehmerischen Nachhaltigkeit zu erlangen, sollten die Stakeholder weitere Quellen, wie Medienberichterstattung oder externe Zertifikate, hinzuziehen. Die in der CSRD verankerte Einführung von einheitlichen Berichterstattungsstandards und die deutliche Erhöhung der Anforderungen an die Prüfungssicherheit

---

[63] Sieh bspw. *Rosato, Sofia*: Mica: Die Bedeutung des Minerals für die Glitzerkosmetik, 2020, abrufbar unter https://praxistipps.focus.de/mica-die-bedeutung-des-minerals-fuer-die-glitzerkosmetik_121583 (abgerufen am 20.03.2023).

[64] Vgl. Richtlinie 2022/2464 des EU-Parlaments und des Rates vom 14. Dezember 2022 zur Änderung der Verordnung (EU) Nr. 537/2014 und der Richtlinien 2004/109/EG, 2006/43/EG und 2013/34/EU hinsichtlich der Nachhaltigkeitsberichterstattung von Unternehmen, AB EU v. 16.12.2022, L322, S. 10.

[65] Vgl. Fresenius SE &Co. KGaA: Geschäftsbericht, Bad Homburg, 2022, abrufbar unter https://www.fresenius.de/finanzberichte-und-praesentationen. (abgerufen am 14.12.2022), hier S. 120.

könnte die Verlässlichkeit der Berichte erhöhen. Im Hinblick auf das Konzept der NCG lässt sich anhand der Untersuchungsdaten feststellen, dass die von Hart und Zingales (2022) vorgestellte und mit Beispielen illustrierte Kosten-Nutzen-Abwägung im Zeichen der Aktionärswohlfahrt nicht in der angedachten Weise stattfand. Neben der Orientierung der Unternehmensleitung am Shareholder Value ist es für die Aktionäre anhand der veröffentlichten Daten schwierig, Kosten für nachhaltige Geschäftspraktiken dem daraus entstehenden Nutzen gegenüberzustellen. Zwar müssen die Angaben nicht unbedingt quantifiziert sein,[66] aber die Gegenüberstellung der meist sehr allgemeinen Angaben lässt kaum fundierte Entscheidungen bzw. retrospektive Überwachung der Unternehmensführung seitens der Aktionäre zu. Zumindest die generelle Bereitschaft zu nachhaltigerer Unternehmenspraxis, erkennbar an den kommunizierten Visionen und Zielen, das Bewusstsein über den komparativen Vorteil und einige, auch extern anerkannte, Verbesserungen im Bereich der unternehmerischen Nachhaltigkeit, lässt sich in den Berichten erkennen. Somit kann die Nachhaltigkeitsberichterstattung der drei Unternehmen zumindest einen Anhaltspunkt für Investoren mit sozialen Präferenzen bei Anlageentscheidungen bieten.

Die Anwendbarkeit der NCG durch die Unternehmensführung und die Aktionäre, in der von Hart und Zingales (2017, 2022) vorgestellten Weise, steht jedoch in der unternehmerischen Praxis vor einigen Herausforderungen. Angesichts der aufgedeckten unzureichenden Kommunikation von Kosten und Nutzen in vergleichbaren Beträgen besteht die Möglichkeit von Agency-Problemen. Zudem weicht die Unternehmensleitung mit der Maximierung der Aktionärswohlfahrt von bisher gängiger Praxis ab. Zwar scheint die NCG im Einklang mit dem Handeln zum Wohl des Unternehmens (§93 Abs. 1 S. 2 AktG) zu stehen,[67] dennoch birgt das Abweichen von üblichen Handlungsmustern Unsicherheiten hinsichtlich der unternehmerischen Legitimität.[68] Inwiefern Unternehmen zur Veränderung in Richtung NCG bereit sind, sollte Thema zukünftiger Untersuchungen sein.

---

[66] Vgl. *Koch, Christopher/Kneflowski, Maximilian*: Umgang mit Zielkonflikten in der Praxis – "New Corporate Governance" als Lösungsmöglichkeit?, in: BetriebsBerater, 77. Jg. (2022), S. 1963–1967, hier S. 1964.

[67] Vgl. ebenda, hier S. 1965.

[68] Vgl. *Hahn, Tobias* et al.: Tensions in Corporate Sustainability: Towards an Integrative Framework, in: Journal of Business Ethics, 127. Jg. (2015), S. 297–316, hier S. 308.

3.4.2 Limitationen und Anknüpfungspunkte

Die durchgeführte Untersuchung weist einige Punkte auf, die optimiert werden könnten. Somit bieten sich vielfältige Anknüpfungspunkte für zukünftige Untersuchungen. Die Analyse zeigt gewisse Trends der Nachhaltigkeitsberichterstattung auf, die Aussagekraft ist allerdings auf die drei Chemieunternehmen begrenzt. Um repräsentative Ergebnisse zu erhalten, müsste eine größere Stichprobe gezogen werden. Interessant wäre beispielsweise zudem die Untersuchung von branchen-, sprach- bzw. länderspezifischen Unterschieden. Ferner erscheint die Erweiterung der Art des Untersuchungsmaterials sinnvoll. Zum einen könnten die bereits erwähnten verlinkten Unternehmensdokumente und -webseiten mit einbezogen werden. Zum anderen sollten, um die Vergleichbarkeit von integrierten und separaten Nachhaltigkeitsberichten zu erhöhen, die vollständigen Geschäftsberichte untersucht werden. Des Weiteren konnte im Rahmen der Untersuchung nur das von den Unternehmen gezeichnete Bild der unternehmerischen Nachhaltigkeit untersucht werden. Im Angesicht der immer wieder aufkommenden Vorwürfe von „Greenwashing" im Kontext von Nachhaltigkeitsberichten sollten unternehmensexterne Daten, wie Gerichts- und Prüfungsurteile oder Medienberichte, zum Vergleich herangezogen werden, um umfassendere Erkenntnisse zu gewinnen.[69] Längsschnittanalysen der Nachhaltigkeitsberichte könnten zeigen, inwieweit kommunizierte Visionen und Ziele tatsächlich von den Unternehmen realisiert wurden.[70] Zudem würden Interviews mit den Unternehmensverantwortlichen, als eine weitere Methode der empirischen Forschung, die Chance auf interne Einblicke bieten.[71] Darüber hinaus könnte die Zusammenarbeit mit Experten, etwa Chemikern, Biologen oder Medizinern, bei der Einordnung von fachspezifischen Themen helfen. Hintergrundwissen zu Themen, wie bspw. Glyphosat, Emission von Schwermetallen oder Gentechnik, könnte bei der Einordnung der Zielkonflikte sowie der Lösungsansätze von Unternehmen wertvolle Erkenntnisse liefern.

Hinsichtlich der Reliabilität der Untersuchung muss festgehalten werden, dass die bei dieser Untersuchung erfolgte Codierung durch nur eine Person nicht

[69] Vgl. *Jarolimek, Stefan/Raupp, Juliana*: Zur Inhaltsanalyse von CSR-Kommunikation, in: Handbuch Corporate Social Responsibility – Kommunikationswissenschaftliche Grundlagen, disziplinäre Zugänge und methodische Herausforderungen, hrsg. v. J. Raupp, S. Jarolimek und F. Schultz, Wiesbaden 2011, S. 499–516, hier S. 503.

[70] Vgl. ebenda, hier S. 504.

[71] Vgl. *Haffar, Merriam/Searcy, Cory*: Legitimizing Potential "Bad News": How Companies Disclose on Their Tension Experiences in Their Sustainability Reports, in: Organization & Environment, 33. Jg. (2020), S. 534–553, hier S. 538.

optimal ist. Die erneute Codierung des Materials durch weitere Personen würde die Aussagekraft der Ergebnisse verstärken. Angesichts des vermuteten Einflusses von Hintergrundwissen, beispielsweise in Form von Wissen über öffentliche Debatten, könnte der Test der Intercoderreliabilität wertvolle Erkenntnisse über mögliche Verzerrungen liefern.[72] Bezüglich der Validität der Untersuchung sollte der Bezugsrahmen der Untersuchung ebenfalls ausgeweitet werden. Der qualitative Charakter und die Erstmaligkeit der Analyse erfordern weitere Untersuchungen. Die Orientierung an thematisch ähnlichen Untersuchungen bei der Erstellung des Kategoriensystems sowie Überschneidungen der Ergebnisse mit einer thematisch verwandten Untersuchung lassen jedoch erste positive Rückschlüsse auf die Zuverlässigkeit des Untersuchungsdesigns zu.

[72] Vgl. *Mayring, Philipp*: Qualitative Inhaltsanalyse: Grundlagen und Techniken, 12. Aufl., Weinheim, Basel 2015, hier S. 124.

4 Thesenförmige Zusammenfassung

1. Angesichts des Klimawandels, der Umweltverschmutzung, dem Verlust von Biodiversität aber auch angesichts gesellschaftlicher Probleme wie Armut, fehlender Chancengleichheit und prekärer Arbeitsbedingungen muss gehandelt werden. Die UN will dazu die nachhaltige Entwicklung fördern und so die Situation für die Weltbevölkerung sowie zukünftige Generationen verbessern, die Umwelt schützen und Wohlstand fördern. Dabei wird dem Beitrag der Unternehmen eine große Bedeutung zugemessen.
2. Bereits seit einigen Jahrzehnten wird unter dem Begriff Corporate Sustainability gefordert, dass Unternehmen auch die sozialen und ökologischen Auswirkungen ihrer Geschäftstätigkeit beachten. Sie sollen den Einklang der drei Dimensionen von Nachhaltigkeit, Ökonomie, Ökologie und Soziales, forcieren. Auch am Kapitalmarkt wächst das Interesse an nachhaltigen Unternehmen.
3. Der Einklang der drei Dimensionen ist in der Praxis nur schwer zu erreichen. Zielkonflikte zwischen ökonomischen, ökologischen und sozialen Belangen prägen viel eher die unternehmerische Realität. Häufig überwiegen finanzielle Interessen soziale und ökologische Ziele. Zum ausgewogenen Umgang mit Zielkonflikten in der Praxis konnte die Wissenschaft bislang noch keine adäquate Strategie vorstellen.
4. Hart und Zingales (2017) bieten mit dem Konzept New Corporate Governance einen neuen Ansatzpunkt für Implementierung von Corporate Sustainability. Die dabei neu aufgestellte Zielfunktion von Unternehmen, welche die Maximierung der sogenannten Aktionärswohlfahrt (Shareholder Welfare) anstrebt, bezieht die sozialen Präferenzen der Shareholder und die externen Auswirkungen der Geschäftstätigkeit mit ein. Aufgrund der damit verbundenen

J. Reimer, *Nachhaltigkeitsberichterstattung großer Unternehmen*, BestMasters,
https://doi.org/10.1007/978-3-658-45329-9_4

steigenden Informationsanforderungen sollte die nichtfinanzielle Berichterstattung umfassende Angaben zu Kosten und Nutzen der unternehmerischen Nachhaltigkeit sowie zu den wahrgenommenen sozialen Präferenzen der Shareholder machen.

5. Um zu überprüfen, inwieweit die Nachhaltigkeitsberichterstattungspraxis in Deutschland kompatibel mit den Informationsanforderungen der NCG ist, wurde eine qualitative Inhaltsanalyse durchgeführt. Dabei wurden die Nachhaltigkeitsberichte dreier deutscher Chemiekonzerne im Hinblick auf die Berichterstattung über Zielkonflikte und das Vorliegen von NCG-relevanten Informationen analysiert.
6. Die untersuchten Berichte gaben nur bedingt ein umfassendes Bild des Zusammenspiels der ökonomischen, ökologische und sozialen Nachhaltigkeitsdimension. Die untersuchten Unternehmen berichteten selten explizit über Zielkonflikte. Implizit waren Zielkonflikte deutlich häufiger erkennbar, dabei war jedoch teilweise ein gewisses Maß an Hintergrundwissen erforderlich. Änderungen hin zu einer ausgewogeneren Berichterstattungspraxis könnten sich durch die kürzlich in Kraft getretene CSRD der EU ergeben.
7. Die Annahme der NCG, dass Shareholder soziale Präferenzen haben, bestätigen die Unternehmen teilweise in ihren Berichten. Jedoch schienen die drei Konzerne nicht die Aktionärswohlfahrt zu maximieren. Sie orientieren sich an der klassischen Shareholder-Value-Maximierung. Die von Hart und Zingales (2017, 2022) vorgeschlagene Beachtung des komparativen Vorteils bei der Auswahl von Nachhaltigkeitsmaßnahmen scheinen die Unternehmen hingegen bereits umzusetzen.
8. Hinsichtlich der finanziellen Auswirkungen und externen Effekte geben die Nachhaltigkeitsberichte nur bedingt Auskunft. Die Kosten von Nachhaltigkeitsmaßnahmen werden kaum und meist nur in allgemeiner Form angegeben. Die Informationen zum Nutzen der Unternehmensmaßnahmen im Hinblick auf nachhaltige Entwicklung fallen deutlich umfangreicher aus, deuten aber stellenweise auf die gezielte Auswahl positiver Berichtsinhalte hin. Stakeholder müssen daher weitere Quellen hinzuziehen, um ein verlässliches und umfassendes Bild der unternehmerischen Nachhaltigkeit zu erlangen. Die Vielzahl der verwendeten Indikatoren, die der vorgeschlagenen Systematik der OECD zur nichtfinanziellen Performancemessung ähneln, weisen auf das intensive Monitoring des Nutzens seitens der Unternehmen hin. Die in der CSRD verankerten Maßnahmen könnten zu einer Erhöhung der Aussagekraft der Daten in den Nachhaltigkeitsberichten führen.

9. Auch die Widersprüche zwischen kommunizierten Unternehmensvisionen und Nachhaltigkeitsstrategien zeichnen kein eindeutiges Bild über den tatsächlichen Umgang mit unternehmerischer Nachhaltigkeit. Die Berichterstattung der drei Unternehmen lässt zumindest Rückschlüsse über die generelle Bereitschaft zu nachhaltigerer Unternehmenspraxis zu und kann daher momentan als eine mögliche, aber nicht vollkommen verlässliche, Informationsquelle für Investoren mit sozialen Präferenzen dienen.

Verzeichnis zitierter Schriften

Albertini, Elisabeth: Does Environmental Management Improve Financial Performance? A Meta-Analytical Review, in: Organization & Environment, 26. Jg. (2013), S. 431–457.

Bansal, Pratima/DesJardine, Mark R.: Business sustainability: It is about time, in: Strategic Organization, 12. Jg. (2014), S. 70–78.

Bansal, Pratima/Song, Hee-Chan: Similar But Not the Same: Differentiating Corporate Sustainability from Corporate Responsibility, in: Academy of Management Annals, 11. Jg. (2017), S. 105–149.

Barkemeyer, Ralf et al.: CEO statements in sustainability reports: Substantive information or background noise?, in: Accounting Forum, 38. Jg. (2014), S. 241–257.

Battilana, Julie et al.: Beyond Shareholder Value Maximization: Accounting for Financial/Social Trade-Offs in Dual-Purpose Companies, in: Academy of Management Review, 47. Jg. (2022), S. 237–258.

Baumüller, Josef/Sopp, Karina: Double materiality and the shift from non-financial to European sustainability reporting: review, outlook and implications, in: Journal of Applied Accounting Research, 23. Jg. (2022), S. 8–28.

Bebbington, Jan/Larrinaga, Carlos: Accounting and sustainable development: An exploration, in: Accounting, Organizations and Society, 39. Jg. (2014), S. 395–413.

Bernard-Rau, Brigitte/Schnerring, Guilhem: Gabler Kompakt-Lexikon Corporate Social Responsibility, Wiesbaden 2022.

Bundesministerium für Arbeit und Soziales: Corporate Sustainability Reporting Directive (CSRD), abrufbar unter https://www.csr-in-deutschland.de/DE/CSR-Allgemein/CSR-Politik/CSR-in-der-EU/Corporate-Sustainability-Reporting-Directive/corporate-sustainability-reporting-directive-art.html (abgerufen am 02.03.2023).

Bundesministerium für wirtschaftliche Zusammenarbeit und Entwicklung: Klimaabkommen von Paris, 2023, abrufbar unter https://www.bmz.de/de/service/lexikon/klimaabkommen-von-paris-14602 (abgerufen am 20.03.2023).

Carroll, Archie B./Shabana, Kareem M.: The Business Case for Corporate Social Responsibility: A Review of Concepts, Research and Practice, in: International Journal of Management Reviews, 12. Jg. (2010), S. 85–105.

Choudhury, Nandan: The seeking of accounting where it is not: Towards a theory of non-accounting in organizational settings, in: Accounting, Organizations and Society, 13. Jg. (1988), S. 549–557.

J. Reimer, *Nachhaltigkeitsberichterstattung großer Unternehmen*, BestMasters,
https://doi.org/10.1007/978-3-658-45329-9

Dietz-Vellmer, Fabian: Hauptversammlungsbeschlüsse nach § 119 II AktG – geeignetes Mittel zur Haftungsvermeidung für Organe?, in: Neue Zeitschrift für Gesellschaftsrecht, 17. Jg. (2014), S. 721–760.

Donaldson, Thomas/Preston, Lee E.: The Stakeholder Theory of the Corporation: Concepts, Evidence, and Implications, in: Academy of Management Review, 20. Jg. (1995), S. 65–91.

Elkington, John: Cannibals with forks, Oxford 1997.

Elkington, John: 25 Years Ago I Coined the Phrase "Triple Bottom Line." Here's Why It's Time to Rethink It, 2018, abrufbar unter https://hbr.org/2018/06/25-years-ago-i-coined-the-phrase-triple-bottom-line-heres-why-im-giving-up-on-it (abgerufen am 19.03.2023).

Fifka, Matthias S.: Nachhaltigkeitsberichterstattung: Eingrenzung eines heterogenes Phänomen, in: CSR und Reporting, hrsg. v. M. S. Fifka, Berlin, Heidelberg 2014, S. 1–18.

Fischer, Klaus.: Corporate Sustainability Governance, Wiesbaden 2017.

Friedman, Milton: A Friedman doctrine – The Social Responsibility of Business Is to Increase Its Profits, in: The New York Times Magazine (1970).

Frostenson, Magnus/Helin, Sven: Ideas in conflict: a case study on tensions in the process of preparing sustainability reports, in: Sustainability Accounting, Management and Policy Journal, 8. Jg. (2017), S. 166–190.

Gao, Jijun/Bansal, Pratima: Instrumental and Integrative Logics in Business Sustainability, in: Journal of Business Ethics, 112. Jg. (2013), S. 241–255.

Gazdar, Kaevan: Zwischen Struktur und Storytelling: Best Practice in Reporting, in: CSR und Reporting, hrsg. v. M. S. Fifka, Berlin, Heidelberg 2014, S. 173–180.

Gladwin, Thomas N./Kennelly, James J./Krause, Tara-Shelomith: Shifting Paradigms for Sustainable Development: Implications for Management Theory and Research, in: Academy of Management Review, 20. Jg. (1995), S. 874–907.

Global Reporting Initiative: Die globalen Standards für die Nachhaltigkeitsberichterstattung, 2023, abrufbar unter https://www.globalreporting.org/how-to-use-the-gri-standards/gri-standards-german-translations/ (abgerufen am 21.03.2023).

Haffar, Merriam/Searcy, Cory: Legitimizing Potential "Bad News": How Companies Disclose on Their Tension Experiences in Their Sustainability Reports, in: Organization & Environment, 33. Jg. (2020), S. 534–553.

Hahn, Tobias et al.: Trade-offs in corporate sustainability: you can't have your cake and eat it, in: Business Strategy and the Environment, 19. Jg. (2010), S. 217–229.

Hahn, Tobias et al.: Tensions in Corporate Sustainability: Towards an Integrative Framework, in: Journal of Business Ethics, 127. Jg. (2015), S. 297–316.

Hart, Oliver/Zingales, Luigi: Companies Should Maximize Shareholder Welfare Not Market Value, in: Journal of Law, Finance, and Accounting, 2. Jg. (2017), S. 247–274.

Hart, Oliver/Zingales, Luigi: Serving Shareholders Doesn't Mean Putting Profit Above All Else, in: Harvard Business Review, 12.10.2017, abrufbar unter https://hbr.org/2017/10/serving-shareholders-doesnt-mean-putting-profit-above-all-else (abgerufen am 17.02.2023).

Hart, Oliver/Zingales, Luigi: The New Corporate Governance, in: University of Chicago Business Law Review, 1. Jg. (2022), S. 195–216.

Herzig, Christian/Godemann, Jasmin: Internet-supported sustainability reporting: developments in Germany, in: Management Research Review, 33. Jg. (2010), S. 1064–1082.

Hong, Harrison/Kacperczyk, Marcin: The price of sin: The effects of social norms on markets, in: Journal of Financial Economics, 93. Jg. (2009), S. 15–36.

Horváth, Péter: „Green" Controlling – Umweltorientierung in der Unternehmenssteuerung, in: Rechnungslegung, Steuern, Corporate Governance, Wirtschaftsprüfung und Controlling, hrsg. v. P. Velte et al., Wiesbaden 2018, S. 611–622.

Husted, Bryan W./de Jesus Salazar/José: Taking Friedman Seriously: Maximizing Profits and Social Performance, in: Journal of Business Ethics, 43. Jg. (2006), S. 75–91.

Institut für ökologische Wirtschaftsforschung, future: CSR-Reporting in Deutschland 2021, Berlin, 2022, abrufbar unter https://www.ranking-nachhaltigkeitsberichte.de/fileadmin/ranking/user_upload/2021/Ranking_Nachhaltigkeitsberichte_2021_Ergebnisbericht_1.pdf (abgerufen am 20.03.2023).

Jarolimek, Stefan/Raupp, Juliana: Zur Inhaltsanalyse von CSR-Kommunikation, in: Handbuch Corporate Social Responsibility – Kommunikationswissenschaftliche Grundlagen, disziplinäre Zugänge und methodische Herausforderungen, hrsg. v. J. Raupp, S. Jarolimek und F. Schultz, Wiesbaden 2011, S. 499–516.

Koch, Christopher/Kneflowski, Maximilian: Umgang mit Zielkonflikten in der Praxis – „New Corporate Governance" als Lösungsmöglichkeit?, in: BetriebsBerater, 77. Jg. (2022), S. 1963–1967.

Levillain, Kevin/Segrestin, Blanche/Hatchuel, Armand: Profit-with-Purpose Corporations: An Innovation in Corporate Law to Meet Contemporary CSR Challenges, in: The Oxford Handbook of Corporate Social Responsibility, hrsg. v. A. McWilliams et al., Oxford 2019, S. 490–513.

Margolis, Joshua D./Walsh, James P.: Misery Loves Companies: Rethinking Social Initiatives by Business, in: Administrative Science Quarterly, 48. Jg. (2003), S. 268–305.

Mayring, Philipp: Qualitative Inhaltsanalyse: Grundlagen und Techniken, 12. Aufl., Weinheim, Basel 2015.

Newton, Tim J.: Creating the New Ecological Order? Elias and Actor-Network Theory, in: Academy of Management Review, 27. Jg. (2002), S. 523–540.

OECD: Measuring the Social Performance of Firms through the Lens of the OECD Well-being Framework, 2022, abrufbar unter https://www.oecd.org/wise/Measuring-the-Social-Performance-of-Firms-through-the-Lens-of-the-OECD-Well-being-Framework-Policy-Brief-February-2022.pdf (abgerufen am 20.03.2023).

Perrini, Francesco: The Practitioner's Perspective on Non-Financial Reporting, in: California Management Review, 48. Jg. (2006), S. 73–103.

Piekenbrock, Dirk/Mosena, Riccardo G./Hasenbalg, Claudia: Gabler Kompakt-Lexikon Wirtschaft, 11 Aufl., Wiesbaden 2013.

Poole, Marshall S./van de Ven, Andrew H.: Using Paradox to Build Management and Organization Theories, in: Academy of Management Review, 14. Jg. (1989), S. 562–578.

Raghunandan, Aneesh/Rajgopal, Shiva: Do ESG funds make stakeholder-friendly investments?, in: Review of Accounting Studies, 27. Jg. (2022), S. 822–863.

Rieckers, Oliver: AktG § 122 Einberufung auf Verlangen einer Minderheit, in: BeckOGK, hrsg. v. M. Henssler, G. Spindler und E. Stilz, Köln, Göttingen, Stuttgart 2020.

Rosato, Sofia: Mica: Die Bedeutung des Minerals für die Glitzerkosmetik, 2020, abrufbar unter https://praxistipps.focus.de/mica-die-bedeutung-des-minerals-fuer-die-glitzerkosmetik_121583 (abgerufen am 20.03.2023).

Salzmann, Oliver/Ionescu-somers, Aileen/Steger, Ulrich: The Business Case for Corporate Sustainability, in: European Management Journal, 23. Jg. (2005), S. 27–36.

Siegerink, Vincent/Shinwell, Michal/Žarnic, Žiga: Measuring the non-financial performance of firms through the lens of the OECD Wellbeing Framework, Working Paper, 2022, abrufbar unter https://www.oecd-ilibrary.org/docserver/28850c7f-en.pdf?expires=1680096478&id=id&accname=guest&checksum=B93DC29811368D85F6B37EE419DD9065 (abgerufen am 20.03.2023).

Slawinski, Natalie/Bansal, Pratima: Short on Time: Intertemporal Tensions in Business Sustainability, in: Organization Science, 26. Jg. (2015), S. 531–549.

Smith, Wendy K./Lewis, Marianne: Toward A Theory of Paradox: A Dynamic Equilibrium Model of Organizing, in: Academy of Management Review, 36. Jg. (2011), S. 381–403.

Stolz, Johannes: Nachhaltigkeitsreporting im internationalen Kontext, in: CSR und Reporting, hrsg. v. M. S. Fifka, Berlin, Heidelberg 2014, S. 159–172.

Tagesson, Torbjörn et al.: What explains the extent and content of social and environmental disclosures on corporate websites: a study of social and environmental reporting in Swedish listed corporations, in: Corporate Social Responsibility and Environmental Management, 16. Jg. (2009), S. 352–364.

Unerman, Jeffrey/Zappettini, Franco: Incorporating Materiality Considerations into Analyses of Absence from Sustainability Reporting, in: Social and Environmental Accountability Journal, 34. Jg. (2014), S. 172–186.

Union Investment: Nachhaltigkeit ist für die meisten Großanleger unverzichtbar, 2022, abrufbar unter https://unternehmen.union-investment.de/startseite-unternehmen/Nachhaltigkeit/Publikationen.html (abgerufen am 20.03.2023).

United Nations: Transforming our world: the 2030 Agenda for Sustainable Development A/RES/70/1, 2015, abrufbar unter https://sdgs.un.org/sites/default/files/publications/21252030%20Agenda%20for%20Sustainable%20Development%20web.pdf (abgerufen am 09.03.2023).

United Nations: 'Forge Pathways to Cooperation in Our Fragmented World, Adopt Multilateral Institutions', Secretary-General Tells Davos Economic Forum, 2023, abrufbar unter https://press.un.org/en/2023/sgsm21661.doc.htm (abgerufen am 26.03.2023).

van der Byl, Connie A./Slawinski, Natalie: Embracing Tensions in Corporate Sustainability, in: Organization & Environment, 28. Jg. (2015), S. 54–79.

van Marrewijk, Marcel: Concepts and Definitions of CSR and Corporate Sustainability: Between Agency and Communion, in: Journal of Business Ethics, 44. Jg. (2003), S. 95–105.

VCI: Auf einen Blick – Chemische Industrie 2020, 2020, abrufbar unter https://www.vci.de/vci/downloads-vci/publikation/chemische-industrie-auf-einen-blick.pdf (abgerufen am 24.03.2023).

VCI: Die umsatzstärksten deutschen Chemieunternehmen (2021), 2022, abrufbar unter https://www.vci.de/die-branche/zahlen-berichte/die-umsatzstaerksten-deutschen-chemieunternehmen.jsp (abgerufen am 14.12.2022).

World Commission on Environment and Development: Report of the World Commission on Environment and Development: Our Common Future, 1987, abrufbar unter https://sustainabledevelopment.un.org/content/documents/5987our-common-future.pdf (abgerufen am 09.03.2023).

Young, Suzanne/Marais, Magalie: A Multi-level Perspective of CSR Reporting: The Implications of National Institutions and Industry Risk Characteristics, in: Corporate Governance: An International Review, 20. Jg. (2012), S. 432–450.

Verzeichnis zitierter Rechtsprechung

Richtlinie 2022/2464 des EU-Parlaments und des Rates vom 14. Dezember 2022 zur Änderung der Verordnung (EU) Nr. 537/2014 und der Richtlinien 2004/109/EG, 2006/43/EG und 2013/34/EU hinsichtlich der Nachhaltigkeitsberichterstattung von Unternehmen, AB EU v. 16.12.2022, L322.

J. Reimer, *Nachhaltigkeitsberichterstattung großer Unternehmen*, BestMasters,
https://doi.org/10.1007/978-3-658-45329-9

Verzeichnis zitierter Unternehmensberichte

BASF SE: BASF-Bericht 2021, 2022, abrufbar unter https://bericht.basf.com/2021/de/_assets/downloads/entire-basf-gb21.pdf (abgerufen am 14.12.2022).

Bayer AG: Nachhaltigkeitsbericht 2021, Leverkusen, 2022, abrufbar unter https://www.bayer.com/de/nachhaltigkeit/nachhaltigkeitsberichte (abgerufen am 14.12.2022).

Fresenius SE &Co. KGaA: Geschäftsbericht, Bad Homburg, 2022, abrufbar unter https://www.fresenius.de/finanzberichte-und-praesentationen. (abgerufen am 14.12.2022).

J. Reimer, *Nachhaltigkeitsberichterstattung großer Unternehmen*, BestMasters,
https://doi.org/10.1007/978-3-658-45329-9

GPSR Compliance

The European Union's (EU) General Product Safety Regulation (GPSR) is a set of rules that requires consumer products to be safe and our obligations to ensure this.

If you have any concerns about our products, you can contact us on ProductSafety@springernature.com

In case Publisher is established outside the EU, the EU authorized representative is:

Springer Nature Customer Service Center GmbH
Europaplatz 3
69115 Heidelberg, Germany

FSC
www.fsc.org
MIX
Papier | Fördert
gute Waldnutzung
FSC® C083411

Kolibri 360 GmbH
Ferdinand-Jühlke-Straße 7
99095 Erfurt, Deutschland
produktsicherheit@kolibri360.de